嵯峨生花の道

風韻

九十翁是雲

WUNDERBARE KUNST DES BLUMENSTELLENS

Zen in der Kunst des Blumen-Weges

GUSTY L. HERRIGEL

Zen in der Kunst des Blumen-Weges

Der Blumen-Weg – das Glück des Blumenstellens

Vorwort von Daisetz T. Suzuki

OTTO WILHELM BARTH VERLAG

Limitierte Geschenkausgabe Frühjahr 2000

Einbandgestaltung: Gerhard Noltkämper

VORWORT

von Daisetz T. Suzuki

BEI JEDEM KÜNSTLERISCHEN BEMÜHEN kommt der Augenblick, in dem man sich der beiden Aspekte der Kunst bewußt werden muß: des metaphysischen und praktischen, des überverstandesmäßigen und verstandesmäßigen Aspektes oder in Ausdrücken der indischen Philosophie des „prajna" und „vijnana". Der praktische und verstandesmäßige „vijnana" Aspekt der Malerei ist das Halten des Pinsels, das Mischen der Farben, das Ziehen einer Linie; ganz allgemein: ihre Technik.

Doch Meisterschaft in der Technik allein befriedigt nicht; wir fühlen in der Tiefe unseres Bewußtseins, daß dort noch etwas mehr zu erreichen oder zu entdecken ist. Lehren und Lernen genügt nicht, läßt uns nicht in das Geheimnis der Kunst eindringen; und solange wir dieses Mysterium nicht erfahren, ist keine Kunst wirkliche Kunst. Das Geheimnisvolle gehört zur Metaphysik, ist jenseits des Verstandes; es entstammt „prajna", der transzendentalen Weisheit. Der westliche Geist ist durch Technik und ihre genaue Zergliederung vergröbert, wogegen der östliche Geist vornehmlich mystisch ist und sich mit dem sogenannten Geheimnis des Seins beschäftigt.

In gewisser Weise ist Leben Kunst. Wie kurz oder lang das Leben auch sein mag, unter welchen Umständen wir es zu führen haben, wir wollen doch alle das Beste daraus machen – das Beste nicht nur in der seiner Technik sondern ebenso im Begreifen seines Sinns: das aber bedeutet, im Erfassen eines Schimmers seines Geheimnisses. Aus diesem Grund betrachtet das japanische Volk jede Kunst als eine Form der Schulung, die Einblick in die Schönheit des Lebens gewährt; denn Schönheit übertrifft alles Verstandesmäßige und Nützlichkeitsdenken, sie ist das Geheimnis selbst. In diesem Sinne ist Zen eng mit den Künsten verwandt, mit Malerei, Teetrinken, Blumen-Anordnung, Fechtkunst, Bogenschießen und anderen.

Die Arbeit des verstorbenen Professors Eugen Herrigel über „Zen in der Kunst des Bogenschießens" löst noch immer starke Reaktionen bei amerikanischen Gelehrten aus. In einem kürzlich veröffentlichten Radio-Vortrag über „Das Geheimnis des Zen" erzählt Professor Gilbert Highet von der Universität Columbia: „Vor einigen Jahren sandte mir ein Verleger ein kleines Buch zur Durchsicht." Dies war nichts anderes als Herrigels Buch. Aber er dachte damals: „Was könnte wohl meinem eigenen Leben und dem meiner Bekannten fremder sein als Zen Buddhismus und japanische Bogenkunst?" So legte er das Buch beiseite. Doch offensichtlich war etwas daran, das er „nicht vergessen konnte". Später versuchte er es noch einmal zu lesen. „Diesmal erschien es mir noch seltsamer als zuvor, sogar noch unvergeßlicher. Es begann sich mit anderen Interessen von mir zu verbinden, mit etwas zusammenzuhängen, das ich über die japanische Kunst der Blumen-Anordnung gelesen hatte. Als ich später einen Aufsatz über die japanischen Gedichte „Haiku" schrieb, begannen noch andere Verbindungsglieder zu wachsen."

Nachdem er endlich das Buch zu Ende gelesen und etwas über Zen und Bogenschießen erfahren hatte, wendet sich Professor Highet Frau Herrigel zu: „Seine Frau hat inzwischen die Meisterschaft in zwei der schönsten japanischen Künste, in Malerei und Blumen-Anordnen, erworben." In Klammern fügt er noch hinzu: „Ich wünschte, man könnte sie überreden, ein entsprechendes Buch zu schreiben über ‚Zen in der Kunst der Blumen-Anordnung'. Es wäre von noch allgemeinerem Interesse." Während ein amerikanischer Kritiker den Wunsch aus-

spricht, Frau Herrigel möge dieses Gegenstück zum Buch ihres Mannes schreiben, hat sie es schon vollendet. Ich hoffe, daß es ins Englische übersetzt wird, sobald es in Deutsch erscheint.

In Japan besteht das Kunststudium nicht nur um der Kunst, sondern um der geistigen Erleuchtung willen. Wenn die Kunst bei der Kunst aufhört und nicht in etwas Tieferes und Grundsätzlicheres hineinführt, das heißt, wenn die Kunst nicht gleichbedeutend wird mit etwas Geistigem, würden die Japaner sie nicht des Lernens wert erachten. Kunst und „Religion" sind so innig verbunden in der Geschichte der japanischen Kultur. Die Kunst der Blumen-Anordnung ist nicht Kunst im eigentlichen Sinne, sondern Ausdruck einer viel tieferen Lebenserfahrung. Die Blumen sollen so geordnet werden, daß wir uns an „die Lilien auf dem Felde" erinnern, deren Herrlichkeit nicht einmal übertroffen wurde von der Herrlichkeit des Salomon. Sogar die bescheidene wilde Blume (nazuna), die auf dem Lande blüht, wird von Basho, dem japanischen Haiku Dichter des siebzehnten Jahrhunderts, mit Ehrfurcht betrachtet. Denn sie kündet von dem tiefsten Geheimnis der Natur, die eine kunstlose Kunst ist.

Ich hoffe, daß der Leser vom Hauch des Geistes berührt wird, wenn er dieses Buch liest.

New York City 1956

Gusty L. Herrigel beim Ablegen der Meisterprüfung
Links hinten Eugen Herrigel, rechts der Meister

EINFÜHRUNG

Schon seit unserer Rückkehr aus Japan im Spätsommer 1930, nach einem sechsjährigen Aufenthalt während der Lehrtätigkeit meines Mannes an der Tohoku Universität in Sendai, kamen wiederholt Anfragen an mich, etwas auszusagen über die in Japan gepflegte Blumenkunst. Lange konnte ich mich hierzu nicht entschließen. Der Grund meines Zögerns lag vor allem in der Ehrfurcht, welche dem „Schweigen" als positivem Kraftquell ebenso gebührt wie dem Erleben im Bereich des Nicht-Wissens. Da das „Eigentliche" letzten Endes nur umschrieben, aber nicht ausgedrückt werden kann, mag es als ein paradoxes Unterfangen erscheinen, den „Blumenweg" mit Worten umkleiden zu wollen. Auch bestärkte mein Schweigen die Überlegung, daß um der exotischen und darum gerade anziehenden Fremdartigkeit dieses Gebietes willen, das wachgewordene Interesse vielleicht nicht so sehr dem Wunsche entsprach, mit Geduld und Ausdauer in den eigentlichen tieferen Sinn der Lehre einzudringen, als vielmehr einer sensationellen Neugier.

Mich erreichten jedoch immer erneute Anfragen, die ernsthafte Anteilnahme erkennen ließen. So habe ich mich doch entschlossen und den Versuch unternommen, über den Geist des Blumenstellens etwas zu sagen, das eigentlich Unsagbare, Geheimnisvolle an dieser Kunst in einfachen Worten festzuhalten. Derjenige, der in dieser Tradition ganz selbstverständlich lebt, hat weder Bedürfnis noch Ursache, vom Verstand her über seine Erkenntnis und Erlebnisse Rechenschaft abzulegen. Bisher wurde deshalb von anderer Seite kein Versuch unternommen, über den tieferen Sinn und Geist dieser Kunst eingehender zu schreiben. Ein Hinderungsgrund besteht auch darin, daß die wenigen alten Schriften, welche vielleicht etwas Aufschluß geben könnten, durch ihre Darstellungsart und Schreibweise sehr schwer zu entziffern und zu deuten sind.

Auch wird es kaum Ausländer geben, welche in Japan die Möglichkeit hatten, bei Lehrern der alten Tradition eine langjährige Schulung zu empfangen und somit auf Grund eigener Erfahrung, wie persönlicher Übermittlung sich ein eigenes Urteil zu bilden. Vielleicht darf ich hier erwähnen, daß es mir vergönnt war, in jahrelanger Übung diese Kunst soweit zu erlernen, daß ich im Jahre 1929 vor der Öffentlichkeit bei Meister Bokuyo Takeda die Meisterprüfung ablegen konnte.

Nach alter Sitte erhielt ich hierbei vom Meister feierlich ein schwarzes Überkleid, auf welchem sein Wappen in weiß eingezeichnet war, überreicht. In einem künstlerisch in Tusche ausgefertigten Diplom wurde mir der Künstlername „Zunehmender Mond“ verliehen. Die Truhe, in welcher sich mein in Japan geschriebenes Tagebuch befand, ging leider mit allem Zubehör in Deutschland später verloren. So will ich ohne Unterlagen versuchen, alles neu aufleben zu lassen.

DER UNTERRICHT

Die Begrüßung

Da ich, schon allein aus sprachlichen Gründen, zunächst Privatstunden nehmen mußte, erklärte sich der Meister Bokuyo Takeda bereit, sie zu erteilen. So kam er eines Nachmittags in Begleitung des Assistenten des Botanischen Instituts der Universität, der geläufig englisch sprach, zu uns zum Tee. Die damit eingeleiteten Privatstunden in unserem Haus waren ein besonderes Entgegenkommen, damit mein Mann zugegen sein konnte. Zeitweise waren auch der Psychologe Prof. Dr. Chiba und Dr. Aono anwesend. Der Unterricht fand in unserem europäischen Zimmer statt. Ein stundenlanges Sitzen auf flachen Kissen, wie es in Japan üblich ist, hätte für uns eine ziemliche Anstrengung bedeutet.

Das also war der berühmte Meister Bokuyo Takeda: Ein hochgewachsener Herr im schlichten seidenen Kimono mit dem üblichen kurzen Übermantel, auf dessen Ärmel die Wappenzeichen seiner Familie eingezeichnet waren. In der Hand hielt er einen einfachen, doch eindrucksvoll bemalten Fächer. Nach vielen offiziellen Verbeugungen und Begrüßungsworten wurde Platz genommen. Liebenswürdigerweise setzte sich der Meister zu uns an den hohen Tisch, damit wir nicht lange auf niederen Kissen sitzen mußten. Im richtigen Augenblick brachte der auf gute Sitten haltende Boy in einer Bambusgeflechtschale die dampfenden, feuchten Tüchlein, welche bei der Hitze so angenehm sind zum Benetzen von Gesicht und Händen. Anschließend wurde der alltäglich übliche Tee, der sehr erfrischende „Ban-tscha“ aus fein bemalten Schalen geschlürft und die übliche Sikishima-Zigarette geraucht.

Nach dieser einleitenden Erquickung kam die Rede in Fluß. Der Meister erzählte in seiner lebensvollen, überzeugenden Art allerhand Schönes und Freundliches. Zuletzt gab er gleichsam als Krönung in unübertrefflicher Art eine No-Rezitation wieder; denn auch auf diesem Gebiet war er ein begeisterter Könner. Doch nicht nur als Künstler, auch als würdiger Vertreter des guten Tones war er bekannt. Besondere Bedeutung legte er auf Herzen- und Charakterbildung, auf Sauberkeit, Bescheidenheit und Ehrlichkeit im Alltag. Auf das Unterrichtshonorar wurde nicht weiter eingegangen, da es üblich ist, dieses erst am Ende des Jahres zu regeln. In einem eigens dafür bestimmten Umschlag wird es, besonders geschmackvoll verschnürt, mit einliegenden Scheinen überreicht. Je nach Gebemöglichkeit wird es auf großzügige Weise vom Schüler selbst bestimmt.

Erste Unterrichtsstunde

Einige Tage nach dem ersten Besuch des Meisters begann die Unterrichtsstunde. Schon vorher ließ mir der Meister alles Nötige zukommen.

So lagen hohe Weidenzweige gebündelt auf einem länglichen Behälter. Eine naturfarbene Bambusvase stand auf schwarzem Lackuntersatz bereit. Eine für meine Begriffe etwas unbeholfene, aber kräftige Blumen- und Baumschere, eine kleine Säge, ein gesäumtes viereckiges Tuch aus ungebleichter Baumwolle zum Reinhalten der Dinge, all dies fand daneben Platz. Nicht zu vergessen ein Kännchen mit Wasser zum Erfrischen und Tränken der fertig gestellten Pflanzen.

Sorgfältig wird nun der Bast, welcher das Bündel hält, gelöst, ohne die Schere zu benutzen. Kein Zerreißen oder Zerschneiden, keine Ungeduld, keine Unordnung. Der Bast wird behutsam um den Finger gerollt und auf ein Tablett gelegt. Alles verläuft in zeitloser Ruhe, jeder Handgriff wird gemessen und lautlos ausgeführt. Hier

schon beginnt die Konzentration auf das eigentliche Werk.
Aus biegsamem Holz wird eine Gabel zurechtgeschnitten zum Haltgeben der in die Vase zu stellenden Zweige. Dieses je nach der Stärke der Zweige eingeschlitzte Holz (kubari genannt) wird in der Vasenmitte etwa 1 bis 2 cm tief befestigt.

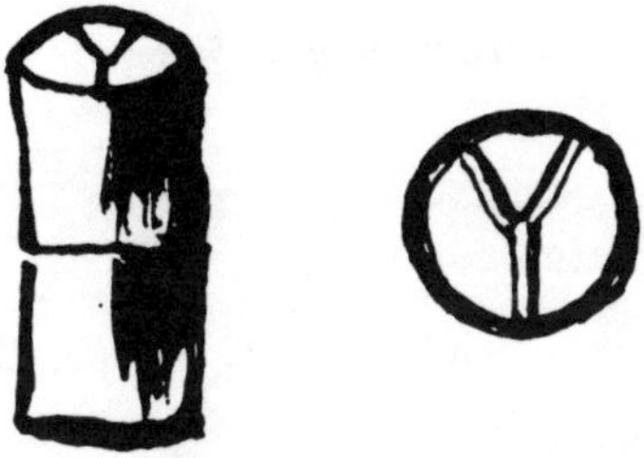

Nun folgt eine beschauliche Betrachtung der einzelnen losen Zweige. Ein jeder wird nach seiner Beugung und Neigung liebevoll betrachtet und ergründet. So entsteht vor des Meisters Auge das Bild, das zusammengefügt werden soll. Dann wird der erste Zweig sorgfältig abgetastet, da und dort auf seine Biegsamkeit hin untersucht, um herauszufinden, wie man ihn am mühelosesten und schonendsten in die geeignete Form bringen könnte, um das ihm Zugedachte darzustellen. Hierzu gehört die Überlegung, welchen der Hauptzweige er verkörpern, welches die Lichtseite und Schattenseite bilden soll. Es hängt viel davon ab, zu erfühlen, wie der Zweig sich am willigsten fügt, also in ein inneres Spannungsverhältnis zu ihm zu treten. Seine Elastizität ist verschieden; nur wenn man alles richtig getroffen hat, behält der Zweig, ganz zwanglos, ohne nachträgliche Korrektur, seine Form, als ob er von selbst so gewachsen sei. Es erfordert ziemliche Übung, bis man das richtige Empfinden dafür bekommt und einsieht, daß Formung eine überaus subtile Kunst ist. So wird da und dort ein Zweig mit streichelnder Hand und langsam leichtem Druck zurechtgebogen oder gekürzt und zugeschnitten. Man könnte meinen, daß der Pflanze kein Weh geschehen dürfe, so vorsichtig wird sie behandelt, bis sie endlich der gewünschten Form standhält.

Am Anfang werden nur die drei Hauptzweige gestellt, die aus einem hohen, halbhohen und niederen Ast bestehen. Die Ausläufer der Astspitzen sollen in Dreieckform zueinander stehen. Sind sie sich in der richtigen

Grundformen des Schemas

1. Himmel shin — *2. Mensch so* — *3. Erde gyo*

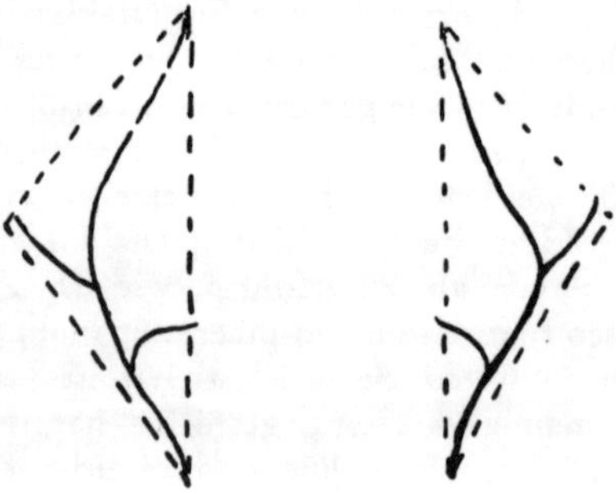

Zur Auswahl rechte und linke Grundform des Schemas

1. rechtsseitig: (hon doko) Die Erde steht rechts

2. linksseitig: (gyaku doko) Die Erde steht links

Weise zugesellt, so wirken die drei Zweige wie ein einziger, der sich nach verschiedenen Richtungen hin entfaltet.

Nachdem die Vase mit Wasser gefüllt ist, wird sie an einer ruhigen, freien und würdigen Stelle des Raumes auf einem größeren Untersatz aufgestellt. Es ist im japanischen Haus die Tokonoma, eine eigens dafür eingebaute Wandnische.

Nachdem die Aufgabe für das nächste Mal gegeben ist, wird alles aufgeräumt. Damit ist die erste Stunde beendet. Noch ein Schluck heißen Tee, eine Sikishima und Verbeugungen.

Seltsam befremdend war, daß diese erste Stunde ohne vorbereitende Einleitung fast wortlos verlief und meine Fragen nicht wichtig genommen wurden. Schon hier zeigte sich, daß mehr Nachdruck auf wortloses, schweigendes Verstehen und Übertragen gelegt wurde. So fiel dem Dolmetscher zuweilen lange die Rolle des Beschauers zu. Beim Überreichen der Gesinnungsvorschriften aber wurde er benötigt, um die interessanten Schriftzeichen des altehrwürdigen Dokumentes zu übersetzen.

Die Aufgabe für die nächste Stunde bestand darin, drei Zweige in ähnlicher Linienführung zusammenzustellen, so daß sie, wie aus einem Stamm gewachsen, fest gefügt im Kubari standen und in der hohen Vase das Gleichgewicht zu halten vermochten. Man könne hierfür die vom Meister bereits für geeignet befundenen Zweige auseinandernehmen und versuchen, sie in gleicher Stellung wieder zusammenzufügen, also nachzubilden. Es durften aber auch nach dem Vorbild des Meisters für eine neue Vase frische Zweige zusammengestellt werden.

Mit dem zusammenfassenden Blick eines Neulings überprüfte und besah man den Vorgang der ersten Stunde. Wie leicht und einfach schien dies zu sein. In wenigen Stunden meinte man, alles bewältigen zu können, zumal es schon immer meine Lieblingsbeschäftigung war, Blumen in Vasen zu stellen, und es ebenso am künstlerischen Gestaltungswillen nicht fehlte.

Doch beim freudigen Beginnen, bei der Herstellung und dem Festigen der Holzgabel wurde schon klar, daß diese

Arbeit Zeit und Geduld erfordern würde, ebenso wie das Feststellen und Im-Gleichgewicht-Halten der hohen Zweige. Nach eifrigem Versuchen und Üben wurde die nächste Stunde mit zufriedenem Stolz erwartet. Die gefüllte Bambusvase stand da in all ihrer Pracht!

Zweite Unterrichtsstunde

Meister Bokuyo Takeda brachte einige der schön gebundenen Hefte mit, in welche es sich auf feinem Papier wunderbar mit Tusche malen läßt. So kam es, daß am Ende jeder Stunde kleine Meisterwerke entstanden, Ebenbilder der jeweils neu gestellten Blumenstücke. An der Seite wurde der Name der Pflanze in kunstvoll geschwungener Schrift beigefügt.
Auch dieses Mal, wie immer, trank man den erfrischenden Tee. Erst nachdem sehr liebenswürdige Worte gewechselt waren, kam der Zeitpunkt, das Augenmerk den Zweigen zuzuwenden. Mit freundlichem, unbewegtem Gesichtsausdruck fand die Betrachtung statt. Dann nahm der Meister ohne viel Erklärung sehr höflich die Zweige aus ihrer Vase. Das sollte bedeuten, daß die Leistung keineswegs genügte. Daraufhin stellte er die Ästchen erneut in ihren Behälter.
Zuerst stutzte ich, da dieses Vorgehen befremdend wirkte. Doch in der Absicht, dem Vorgang auf den Grund zu gehen, ergab ich mich, wenn auch kopfschüttelnd, darein. Die Art und Weise, so unerklärlich umzugehen, stand scheinbar in Widerspruch zu der sonst betonten Höflichkeit des Meisters. Warum vermochte er sich nicht auch hier auf die Psyche des Europäers einzustellen, der nicht von vornherein annimmt, daß er gar nichts kann?
Der Gärtner hatte frische Weidenzweige gebracht. Nachdem auch diese gestellt und auf dem Papier festgehalten waren, verabschiedete man sich bei Tee und Sikishima bis zum nächsten Mal. Wie schnell verging eine solche Stunde.

Bis zur nächsten Unterrichtsstunde wurde fleißig geübt. Der Vorgang vom letzten Mal sollte sich nicht wiederholen. Doch auch in den folgenden Stunden fanden persönliche Eigenart und Originalität bei neuen Versuchen wenig Anerkennung. Die Bestimmtheit und Überlegenheit des Meisters stellten das eigene Denken und Handeln mehr und mehr in Frage. Mußte man erst ganz klein und am Nullpunkt seiner selbst angelangt sein?

In den nächsten Stunden galt es genauestens zu beobachten, worin das Geheimnis richtigen Gelingens liegen mochte. Schon wieder war eine Stunde vorüber. Die Uhr spielte dabei kaum eine Rolle. Einmal war die Übungszeit länger, ein anderes Mal etwas kürzer.

Zu Anfang glich die Arbeit einer äußerlichen Nachahmung oder war ein mehr oder weniger willensbetontes Schaffen. Aus der Mitte, ganz von innen her, ereignete sich nichts. Auf die Frage, wie man diese inneren Dinge erreichen könne, kam die scheinbar monotone Antwort: zunächst durch möglichst häufiges und getreues Nachahmen vorbildlicher Zusammenstellungen. Mit solchem Rat konnte ich noch nicht viel anfangen, obwohl ich ihm glaubte. Dennoch war der Unterricht in keiner Weise eintönig; immer wieder gab es neue Zweige und Blätter im Spiel von Licht und Schatten. Für den Anfänger sind Weidenzweige sehr geeignet, da sie leicht zu formen sind und im Schmuck der Weidenkätzchen besonders ansprechen. Aber auch großblättrige Pflanzen wie Aspidistra, Rhodea japonica sind dankbar und wirken, obwohl grün in grün, durch Betrachtung von Vorder- und Rückseite und ihrer Faserung keineswegs eintönig oder kahl.

Immer wieder kann man beobachten, wie verschieden das Grundschema der Dreiheit differenziert und abgewandelt werden kann.

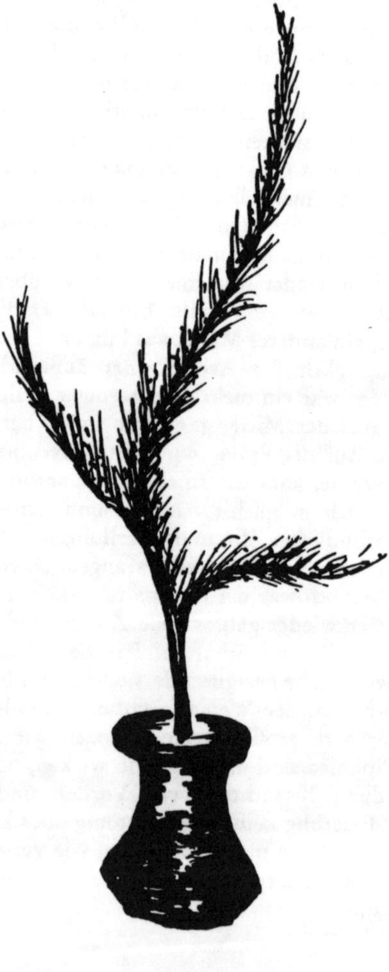

Genista
Dreiteiliges Seikwa mit Ginster

Ergebnis weiterer Stunden

Die Stunden verliefen recht schweigsam, da im Osten von altersher der stillen Überlieferung, genauer gesagt, der Überlieferung von „Herz zu Herz“ besonderer Wert beigelegt wird. Einerseits glaubt man, nur durch persönliches Weitergeben bleibe der Geist der Lehre vor dogmatischer Erstarrung bewahrt. Andererseits soll verhütet werden, daß die dem Meister geheiligten Regeln und mühsam erarbeiteten Erfahrungen zur Kenntnis Unberufener gelangen. Auch mag es ein gewagtes Unterfangen sein, den eigentlichen Sinn in Worte fassen zu wollen. Die ursprüngliche Art der Überlieferung wurde deshalb gern die „geheime Art“ genannt. Die Lehre ging vom Vater auf einen seiner Söhne, vom Lehrer auf einen seiner Lieblingsschüler über. Voraussetzung hierfür war eine geistige Verwandtschaft zwischen beiden, vor allem aber die vielfach erprobte Fähigkeit des Schülers, seines Meisters Lehre intuitiv zu erfassen.

Damit hängt wesentlich zusammen, daß es über die Kunst des Blumenstellens verhältnismäßig wenige Schriften gibt und sich diese entweder auf bildliche Darstellungen oder mehr praktische Anweisungen beschränken. Am liebsten fassen sie nur die beim Zeremoniell des Blumenstellens zu befolgenden Vorschriften zusammen. Über ihren tiefen geheimen Sinn dagegen lassen sie kaum ein Wort verlauten. Auch die Gesinnungsvorschriften verlangen in der Hauptsache nur, daß in dem gegenwärtigen Lehrer die „echte“ Lehre der schon verstorbenen Meister wiedererkannt und von neuem erlebt wird. Von dieser echten Lehre selbst ist dabei nicht sehr viel die Rede. Hinter der Überlieferung von „Herz zu Herz“ steckt also die Absicht, den Schüler nicht einfach einen bestimmten Lehrgehalt auswendig lernen zu lassen, ihm nicht fertige Kenntnisse und Handgriffe zu übermitteln, sondern in ihm die Möglichkeit zu erwecken, den Geist des Blumenstellens durch eigenes Erleben zu entdecken.

Hieraus erklärt sich, daß ein guter Lehrer Arbeiten seiner Schüler zu wiederholten Malen zurückweist, oft ohne nähere Begründung. Denn der eigentliche Gehalt der Lehre erschließt sich nur dem, der ihn zu erleben imstande ist und ihn zu erfassen weiß, so oft er sich ihm darbietet. Der „wahre Geist" der Lehre läßt sich in Worten nicht mehr ausdrücken. Worte sind im günstigsten Fall nur Brücken zu ihm hin. Heißt es doch: wer spricht, weiß nicht; der Wissende spricht nicht. So muß sich der Meister oft darauf beschränken, dem Schüler eine mustergültige Leistung vorzumachen. Aufgabe des Schülers ist es, aus ihr zu entnehmen, worauf es zuletzt ankommt, und aus dem, was er sieht, vorzudringen zu jenem Unsichtbaren, das dem Sichtbaren zugrunde liegt.

Durch eigene jahrelange Übung gelangt der Schüler vielleicht dahin, jene geistige Verfassung in sich zu erwecken, welche Leistungen ermöglicht, die in jeder Hinsicht bestehen können. Aber auch ganz primitive Arbeiten, sobald sie imstande sind, Ursprüngliches zu übermitteln, werden vom Meister anerkannt und gelobt. Nur ein rein technisch korrekter Aufbau läßt beziehungslos und kalt. Er wirkt wie tot.

Der Meister verfolgt mit dieser Art des Unterrichts die Absicht, seinem Schüler den „lebendigen Geist" der Lehre zu übermitteln, um ihn allmählich in jene geistige Atmosphäre hineinwachsen zu lassen, in welcher ein ursprüngliches, schöpferisch und auswirkendes Erleben gedeiht und reift.

In diesem Sinne wirkte Meister Bokuyo Takeda.

So kam er jahrelang jede Woche in das Haus am Hirosefluß zwischen den hohen Kameliensträuchern und Kirschbäumen, welches wir bewohnten. Wie schön war es, dieser Gelassenheit und unbeschwerten Leichtigkeit der Bewegungen zuzusehen, bei welcher ein neues Gebilde unter seinen Händen entstand, in *einem* Rhythmus von Natur, Leben und Kunst. Nicht das Teilstück einer Pflanze, sondern ein köstliches, organisch gewachsenes Ganzes war am Ende einer Stunde zu erschauen.

Manches Mal wiegten sich die Pflanzen wie vom Winde bewegt oder wie Menschen in schwungvollem, heiterem Tanz. Sie konnten stehen wie vom schroffen Sturm zerzaust, oder festlich angetan, je nach der Jahreszeit, vom Frühling lieblich durchpulst, vom Herbst in glühendem Farbenspiel schattiert.

Aber das Vorbild des Menschseins dieses Meisters war ebenso wirkungsvoll wie sein Werk und gab dem Unterricht die besondere Bedeutung. Bei keiner Stunde verzichtete er auf die ausgesprochene oder unausgesprochene Ermahnung, mit wachsender Achtsamkeit das rechte Verhalten zur Umwelt zu pflegen. Und da er selbst diesen Vorschriften gemäß lebte, wirkte er überzeugend.

Die Forderung zur Achtsamkeit ist wichtiger als viele Geschäftigkeit. Auch genügt es nicht, daß man sich an die Arbeit macht, als ginge man zum Fünfuhrtee. Blumenstellen ist kein Zeitvertreib und dient nicht zur Zerstreuung. Man muß sich sammelnd vorbereiten und schon in der Frühe damit beginnen, jeder Tätigkeit ohne Unruhe und Hast den Ausdruck innerer Ausgeglichenheit und Harmonie zu verleihen. Diese Einstellung soll zur selbstverständlichen Haltung werden, bis sie fester Besitz geworden ist. In diesem Sinne kann man sagen, daß das „innere Werk" des Blumenstellens mit dem äußeren Schritt halten muß. Nur so kann es eine Ganzheit von Himmel, Mensch und Erde sein. Die Stunde des Blumenstellens greift in den Alltag hinein, sie steht nicht außerhalb. Doch ist es nicht leicht, diesen unscheinbaren Blumenweg vom Morgen bis zum Abend zu gehen!

Der Meister betrachtet alles, es entgeht ihm nichts. Im Weiterschreiten richtet er sich nach seinen Beobachtungen. Er geht langsam dazu über, fünf, sieben, neun Zweige zu stellen und stellen zu lassen, immer größere Freiheit gewährend, weil er keinen Mißbrauch mehr zu befürchten hat.

Das Arbeiten in solcher Abtönung von Farben und Zweigen kann sehr erregend sein. Aber wesentlich bleibt immer die Dreiheit als Maßstab, Mittelpunkt und Kernpunkt des Gebildes, des Erlebens und der inneren Schau. Daher ist die Ausübung dieser Kunst auch nach vielen Jahren nicht abgeschlossen. Die verwunderte Frage von Ausländern: „Wie, immer noch?" zeugt von der Ober-

Begonia evansiana (Schiefblatt)
Drei Stiele einer Begonie mit guter Blattverteilung. Leicht ausschwingend in natürlicher, gelassen wirkender Steckweise. Diese gemäßigte, mittlere Formgebung wird einfach Seikwa genannt.

flächlichkeit der Auffassung. Der gute Schüler versteht am Ende selbst: je länger, um so besser. Ein „Auslernen" in unserem Sinne gibt es nicht. Selbst das Stellen von nur drei Zweigen, scheinbar das Leichteste, kann, wenn es dem „Allherzen" gerecht werden soll, sehr schwierig sein.
Der fortgeschrittene Schüler versteht dies und sieht es leibhaftig vor sich in den öfter stattfindenden Blumenausstellungen. Gerade hier zeigt der Meister kein auffallendes Kunstwerk, sondern stellt, vielleicht in einer ganz einfachen Schale, ein unscheinbares mit Baumflechten überzogenes Stämmchen hin, einige Gräser oder Halme, etwas Moos. Mit den einfachsten Mitteln formt er ein naturnahes Gebilde, das durch sein bloßes Dasein überzeugt und für sich selbst spricht, obgleich es nicht mit lokkenden Farben um Anerkennung wirbt. Das vielsagende japanische Wort „Shibumi", welches man dem Sinn nach mit echt, wahr, einfach, schlicht, vornehm übersetzen könnte, paßt für ihn und seine Kunst. So wie auch sein Künstlername besagte: Bokuyo = der Einfache, Schlichte.

Blumenausstellungen

Blumenausstellungen wurden zum Abschluß von jedem Jahreskurs vom Meister veranstaltet. Alle Schülerinnen lieferten Beiträge dazu. In einem großen Raum – etwa einem Teehaus – wurden sie in übersichtlichen Reihen angeordnet. An jeder Vase wurde ein längliches Holztäfelchen angelehnt, auf dem der Name der Schülerin zu lesen war. Auch der Meister lieferte einen Beitrag, irgendwo versteckt zwischen den anderen, nicht gerade in der vordersten Reihe. Und was er beigesteuert hatte, war, wie gesagt, so anspruchslos, daß es kaum die Augen auf sich zog. Aber hatte man sein Werk entdeckt, so konnte man sich seinem Eindruck nicht entziehen.
Es ist fast selbstverständlich, daß man als Europäer den ersten Stunden im Blumenstellen mit frischem, ungehemmtem Tatendrang und selbstsicherem Ichgefühl entgegensieht. Könnte man sich diese Eigenschaften, neben ge-

schickten Händen und künstlerischem Geschmack, nicht sogar als besonders erforderliche Beigaben vorstellen? Doch schon in den ersten Stunden überkommt den Anfänger, der solches denkt, eine gewisse Ratlosigkeit. Er merkt, daß er auf diesem Wege keine enge Fühlungnahme, kein inneres Verhältnis zu den Ausgangspunkten dieser Kunst gewinnt. Will der Schüler bis zu ihren Wurzeln vordringen, wird er zu der Entscheidung gedrängt, ob ihn nur künstlerisch-ästhetische Momente als Beweggründe lockten, oder ob er das Allumfassende, Ganzheitliche dieser Kunst erfahren will. Im letzteren Fall muß er immer wieder zugeben, daß er wie ein Kind anzufangen hat, daß jede Art von Ehrgeiz hindernd und jeder Wunsch nach persönlicher Eigenart zunächst dem Aufgeschlossensein im Wege steht. Daß er ganz klein und bescheiden von seinem Ich absehen muß, um so ruhig und selbstlos arbeiten zu können, wie es diese östliche Geisteshaltung erfordert. Zuerst scheint alles Schwergewicht in dieser vorbereitenden Einstellung zu liegen. Denn was man auch als Anfänger beginnt, es wird in den Augen des Meisters doch verkehrt sein, wenn eben diese ersten und letzten Voraussetzungen fehlen. Der Meister hat in Beispielen an sich und anderen gesehen, wie Unruhe, Hast und Ungeduld nur Zersplitterung in das Leben und die Umgebung bringen. Er hat die Pflanzen in Wind, Sturm und Unbill belauscht, wie sie neigend, wiegend, immer gelockert nachgeben, alles gelassen über sich ergehen lassen und so unbeschadet bleiben.

Wie schon erwähnt, steht die Leistung an sich gegenüber der inneren Einstellung erst in zweiter Linie. In dem Maße wie der Schüler den Mut zur notwendigen Selbstzucht aufbringt und diese mit der künstlerischen Fähigkeit Schritt hält, wird er nicht nur als Künstler, sondern auch als Mensch ein besonderes Verhältnis zu seiner Leistung, zu dem ruhigen, unbeirrten Schöpfen aus innerer Harmonie finden. Am Anfang fällt es dem Europäer auch schwer, zu erfassen, warum er sich in ein Schema einfügen soll, um dann erst frei zu gestalten. Nach und nach aber beginnt er zu ahnen, vielleicht auch zu erleben,

daß solches Sichfügen geradezu ein Sprungbrett zum eigentlichen Schaffen sein kann. An einem Beispiel ist dies zu erklären: erst wenn ein Schwimmer die Technik spielend beherrscht, kann er sich vom Wasser tragen lassen.
Ein aufgeschlossener Schüler aber wird sich niemals mit einem bloßen Nachahmen der Kunst oder des Wesens des Meisters zufrieden geben. Die Kenntnisse und das wachsende Werden, um welches es hier geht, können weder mechanisch nachgeahmt noch nachgelebt werden. Denn das Schema, welches zunächst als eine bloße „äußere Form“ erscheint, wird zur inneren Form des Blumenstellens, sobald die Gesinnungsvorschrift ins Leben selber eingreift.
Alles, was zu Anfang gesucht und unklar erschien, wird selbstverständlich, sobald die Knospe bei dem reifer werdenden Schüler aufgegangen ist. Selbst die Gesinnungsvorschriften werden im Alltag Erfüllung finden als ein freiwilliges Sicheinfügen in die Anforderungen, welche der Tag mit sich bringt. So wird klar, daß die Formung und Begegnung des eigenen Wesens Hand in Hand mit der Formung geht, welche in dieser blumigen „sanften“ Kunst zur Auswirkung kommt. Die Technik ist dabei gar nicht so schwer, und sie ist nicht entscheidend. Durch die vielen Übungen, welche der Schüler zu bestehen hat, kommt die Fertigkeit von selbst. Die gelöste und doch spannungsreiche Einstellung aber ist dem verträumten Spiel eines Kindes, der Andacht eines Gläubigen oder der intuitiven Schau eines Künstlers zu vergleichen.

Gemeinsame Unterweisung

Die Stätte, von der ich erzählen möchte, lag inmitten der Universitätsstadt Sendai, eine knappe halbe Stunde vom Meer entfernt, in nächster Nähe einer der herrlichsten Sehenswürdigkeiten Japans, „Matsushima“, die tausend Kieferninseln genannt. Dort stand, umgeben von einem gepflegten Garten, ein im altjapanischen Stil erbautes Haus. Es war das Heim von Meister Bokuyo Takeda, das

Picea (yezo-matsu)
Seikwa aus sieben Zweigen zusammengestellt

Haus, in welchem er seine berühmt gewordenen Lehrkurse abhielt. Es durften an diesen Anfänger wie fortgeschrittene Schüler und Schülerinnen in einem großen Raum teilnehmen. Jeder wurde auf seine Weise gefördert und eingeweiht. In diesem Haus stand der Meister jahrzehntelang an mehreren Tagen der Woche, vom frühen Morgen bis zum späten Abend den zahlreichen lernbegierigen Schülern zur Verfügung.

Die Anzahl der Schülerinnen überwog bei weitem die der Schüler, obgleich die Blumenkunst ursprünglich von Männern ausgeübt worden ist und in den Kreisen der Ritter, der Samurai, Jahrhunderte in hohem Ansehen gestanden hatte. Später änderte sich dies, da man von jeder Japanerin erwartete, daß sie den Umgang mit Blumen beherrschte. Es gehörte und gehört noch immer zu den Pflichten der verheirateten Frau, daß sie die Wohnräume der Familie zu schmücken versteht. Es hat sich auch, wie ich mittlerweile erfahren habe, das Bedürfnis, an diesem schönen Brauche festzuhalten, seit dem Ende des zweiten Weltkrieges nicht abgeschwächt, sondern eher gefestigt und gesteigert. Meister besuchen nach wie vor die Räume gepflegter Häuser und begutachten die Art und Weise, in welcher die Hausfrau die Tokonoma mit Blumen schmückt. Sogar Konzerte, Banken und große Unternehmen bieten heute ihren Angestellten die Gelegenheit, in einer Ruhestunde – an Hand von geschulten Lehrkräften – sich dieser edlen Kunst zu widmen, sie zu pflegen und dabei zugleich sich zu sammeln und zu entspannen.

Bei Meister Tekada konnte jede Schülerin sich Tag und Stunde auswählen im Einklang mit ihren häuslichen und sonstigen Verpflichtungen. So waren Mädchen, von etwa 16 Jahren an und verheiratete Frauen aller Altersstufen zusammen, und man konnte sicher sein, zu jeder Tagesstunde zehn bis fünfzehn Schülerinnen anzutreffen. Das Unterrichtshonorar war so bemessen, daß eine jede sich die Teilnahme an diesen Übungsstunden leisten konnte. Kommen und Gehen auf dem mit dicken Strohmatten belegten Fußboden verlief ebenso geräuschlos wie die

Arbeit. Manche besuchten diese Unterrichtsstunden viele Jahre hindurch, um immer tiefer in die letzten Geheimnisse dieser schwierigen und doch so sanften Kunst einzudringen. Wenn eine Schülerin den Raum betreten hatte, kniete sie zunächst nieder, stützte sich auf die ausgestreckten Hände und verbeugte sich wortlos so tief vor dem Meister, daß sie beinahe den Fußboden mit ihrer Stirn berührte. Mit einer zweiten, ebenso tiefen Verbeugung begrüßte sie die übrigen Anwesenden, begab sich dann an einen freien Platz und setzte sich mit untergeschlagenen Beinen, nach japanischer Art, auf ein dünnes Kissen. Vor sich stellte sie auf ein viereckiges schwarzes Brettchen eine Vase aus Bambus oder Metall – meist ihr Eigentum –, je nach der Eigenart der zu verwendenden Zweige oder Blumen, die gebündelt neben die Vase gelegt wurden.

Behutsam öffnete sie das Bündel, prüfte bedächtig die Zweige oder Blumen, bis sie diejenigen herausgefunden hatte, die sich am besten zu eignen schienen und begann ihnen die Form zu geben, die sie ihrer Rolle nach im Ganzen des Gebildes einzunehmen hatten. Tief in sich selbst versunken, versuchte sie den Gemütszustand zu erreichen, in dem es gelingt, mit dem Blumenherzen eins zu werden; sie weiß aus langer Erfahrung und Übung, daß dies keine bloße Redensart ist. Denn erst wenn dieses Einssein des eigenen Herzens mit dem „Blumenherzen" und darüber hinaus mit dem „Allherzen" wörtlich hergestellt ist – wie sich die japanischen Blumenmeister so beglückend schön ausdrücken –, ruht sie in jener unbewegten Stille, aus der wie von selbst und völlig absichtslos das Bilden und Gestalten gelingt. Im Werke spiegelt sich dann wider, dem kundigen Auge des Meisters leibhaftig sichtbar, ob dieses Einssein erreicht ist und nicht bloß in trügerischer Einbildung besteht. Das oft maskenhafte Gesicht, das die Japanerin vielfach zur Schau trägt, wird im Zustande des Einsseins mit einem Male lebendig, geradezu sprechend schön und wie von innen her leuchtend.

Wenn die Schülerin glaubt, eine Aufgabe gelöst zu haben, überreicht sie die Vase mit dem Blumenstück dem Meister. Zwischendurch aber macht dieser selbst die Runde, besichtigt und begutachtet da und dort. Er prüft nun die dargebrachte Vase, meist schweigend, lehnt das Ganze mit einer Handbewegung ab oder nimmt auseinander, verbessert Bestandteile und fügt wieder zusammen. Die Schülerin dankt mit einer Verbeugung, trägt das Gebilde an ihren Platz zurück und betrachtet es eingehend, um zu erfassen, was sie falsch gemacht haben könnte. Meint sie entdeckt zu haben, worauf es ankommt, nimmt sie neue Zweige und formt von neuem; oder sie nimmt das Vorbild auseinander und setzt es wieder zusammen, wenn sie keine frischen Zweige zur Verfügung hat. Erst, wenn der Meister einverstanden ist, verläßt sie den Übungsraum.

Manche Teilnehmerinnen, besonders die jüngeren, machen dabei eine merkwürdige Erfahrung. Zunächst empfinden sie die Anwesenheit so vieler Mitschülerinnen als störend und verfolgen jede Bewegung, sei es auch nur im Winkel der Augen, oder lassen sich durch das Geflimmer der leuchtenden Farben der Kimonos zerstreuen. Zwar wird jeder unnötige Lärm vermieden, und das Umgehen mit Pflanzen und Geräten geschieht fast lautlos. Doch schon das Interesse für die Art und Weise der anderen kann ablenken. Erst allmählich gewöhnt man sich, alles als unwesentlich und unstörend zu empfinden, und man stellt mit Befriedigung fest, daß die Konzentration, je mehr sie auf die Probe gestellt wird, um so tiefer wurzeln kann. Selbst wenn starker Lärm von außen her in den Übungsraum eindringt, wird er nicht beachtet. So erfährt man als unerläßliche Voraussetzung dieser und wohl auch jeder anderen japanischen Kunst, daß man in ewiger Stille ruhen muß. Und er erfährt weiter, daß dies auch wirklich erfüllbar ist, wenn man die Kraft aufbringt, täglich zu üben und sich durch keinen Mißerfolg entmutigen zu lassen.

Tägliche Konzentration, und sei es nur eine halbe Stunde lang, bildet das beste Gegengewicht gegen das zermürbende Vielerlei des Alltags und gegen die Geschäftigkeit, die, statt zu sammeln, nur zerstreut. Man sieht erst, wieviel Zeit man hat, wenn man aufhört, zu glauben, man habe keine.

Kamelie (tsûbaki)
Seikwa mit fünf Zweigen in Cloisonné Vase

Grundregeln

Die Ausdauer zu allumfassender, lebenslänglicher Übung und verpflichtendem Studium ist wohl das Schwerste. Denn die üblichen traditionellen Formen des Blumenstellens sozusagen auswendig zu lernen oder mechanisch nachzuahmen, wäre in kürzerer Zeit erlernbar. Wer es aber ernst nimmt, erfährt, daß die Blumenkunst eine langsame innere Wandlung und Reife hervorruft und zur Voraussetzung hat. Denn erst dann geht man den „Blumenweg". Alles übrige steht im Zusammenhang mit dieser Forderung. Vielleicht mutet diese Einstellung sehr naiv an und wird deshalb leicht übersehen. Man macht sich vielleicht auch eine unbestimmte Vorstellung von dieser Handlung und richtet seine ganze Aufmerksamkeit auf die verschiedenen Möglichkeiten, die man bald zu erlernen und zu beherrschen wünscht in der Annahme, das Andere ergäbe sich von selbst. Weit gefehlt! Wer geschickte Hände hat und das nötige Interesse für Ausgestaltung, könnte äußerlich die Technik meistern. Aber je weiter man fortschreitet, um so mehr sieht man ein, wieviel es darauf ankommt, daß die zentrale Anweisung ernst genommen wird, und daß man nichts Ganzes erfüllen kann, wenn man die „naiven" Forderungen nicht mit aller Ausdauer befolgt. Es ist die Eigentümlichkeit des Ostasiaten, daß mit Kleinem, Unscheinbarem angefangen wird, daß nichts selbstverständlich ist, sondern so lange geübt werden muß, bis keine Halbheit besteht, bis es ganz zu eigen wird. Die ersten Schritte sind die schwersten. Wer da versagt, bleibt stecken. So ist nichts anderes möglich, als ganz schlicht anzufangen. Es ist keine Schule der Geläufigkeit, keine Fingerübung, sondern Wesenserfahrung. Das Technische ist einzugliedern, doch nicht zu überschätzen. Herzensübungen, harmonische Ganzheit von Leib, Seele und Umwelt sind das Entscheidende. Das Dasein des Meisters macht es leicht, immer wieder die „echte" harmonische Einstellung zu finden, die nötig ist, um das Wesen des „Blumenweges" zu verstehen und diesen richtig zu gehen.

Aster tartaricus (shion)
Seikwa mit drei Blütenstengeln, von fünf ausschmückenden Blättern umgeben, in einfacher Keramikvase, auf kleinem Ständer

Hierbei ist die Bedeutung der Drei nicht nur in der Behandlung mit den Pflanzen wichtig, sondern auch in der Beziehung zu Mitmenschen und Tierwelt. Der Schüler wird versuchen, jedem Wesen nach seiner Art gerecht zu werden. Er findet intuitiv diese Haltung; denn die vorbildliche Art und bloße Gegenwart des Meisters und seine Einstellung wirken überzeugend und wegweisend. Vom Ausübenden so erfaßt und vom Betrachter so erspürt, wird der Gedanke des „Drei-Prinzips" stets neu vergegenwärtigt. Die Symbolsprache der drei Zweige hat in „Himmel", „Mensch" und „Erde" ihren Ausdruck gefunden. Sie spricht nicht nur von einer Außenseite zu uns. In ihrem Wesenskern schwingt der ewige Rhythmus von Form und Inhalt, von Gehalt und Leere. Der Beschauer, der „Mensch" selbst steht im Zentrum – vielleicht empfängt er in diesem Kreislauf einen Abglanz der Ewigkeit. Von dieser Erfahrung bereichert, kann der Schüler die nötige Ausdauer und Geduld zur Schulung an sich aufbringen. Er hat erkannt, daß das Ansehen von „sich selbst" zu der großen Gelöstheit und Gelassenheit führt, zur „inneren Sammlung", zur „Stille an sich". Überzeugt von der Auswirkung dieser Haltung trägt er sie über seine Übungsstunden hinaus in die kleinsten Verrichtungen und Äußerungen des Alltags hinein. Er lebt aus der zentralen Mitte, die das Prinzip der Drei als Sinnbild der Ganzheit im Blumenstellen veranschaulicht; der „Mensch" (So) steht in Mittelstellung zwischen „Himmel" (Shin) und „Erde" (Gyo).

DER MEISTER

Worte des Meisters

In Erinnerung an meinen verehrten Meister Bokuyo Takeda sollen seine Worte und die Lehre selbst sprechen:
Mensch und Pflanze sind sterblich und veränderlich; der Sinn und das Wesen des Blumenstellens ist ewig.
Die äußere Form soll man bei der Arbeit von innen her suchen.
Welches Material verwendet wird, ist Nebensache. Allein der richtige Gedanke ist es, welcher zu Gott führt, und in diesem Sinne soll man opfern.
Schönheit mit Tugend gepaart ist stark.
Schönheit allein ist belanglos; sie vervollständigt sich erst im Zusammenhang mit „echter" Gesinnung.
Richtiger Umgang mit Blumen verfeinert die Persönlichkeit.
Mit innerer Ruhe, Selbstbeherrschung und Gerechtigkeit in seinem Hause walten.
In Gehorsam der Obrigkeit und den Eltern folgen.
Im Haushalt und Beruf nicht nachlässig sein.
Mit wahrer und vornehmer Gesinnung die Freundschaft pflegen.

Das Prinzip der Drei

Das All läßt sich nach dem Prinzip der Drei in drei Bereiche gliedern, auch wenn es im Grunde genommen schlechthin eines ist: in Himmel, Erde und Menschenwelt. Das Prinzip der Drei, welches dem Aufbau des Blumenstellens zugrunde liegt, hat seinen Ursprung im Buddhismus. Es ist ein geistiges Prinzip und hat, wie schon erwähnt, kosmische Bedeutung. Die Idee der buddhistischen Dreizahl wanderte von Indien über China nach Japan. Priesterliche Ahnherren des Blumenkultes gliederten diesen Dreiklang neben anderen mehr oder minder bedeutungsvollen ungeraden Zahlen als Träger religiösen Gehaltes in seine Grundstruktur ein. Diese Gliederung gibt den tiefen Sinn und Ausdruck des kosmischen Bildungsgesetzes wieder. Der Ausgangspunkt der Drei wurde immer mehr zum bewußten Mittelpunkt eines zur Kunst hin sich weiter verästelnden Aufbaus. Im Drei-Prinzip „steckt" man zugleich sich selbst und wiederum nicht sich selbst – denn Blumenherz, Menschenherz und Allherz sind eins. Der Mensch lebt in Wesensgemeinschaft mit der Pflanze, wie mit dem ganzen Universum. Er vermittelt das Geistige wie das Irdische, und alles bildet die ungebrochene Dreiheit in der Einheit.

Im Kreislauf des Drei-Prinzips steht der Mensch inmitten von Himmel und Erde. Er wird von Luftwurzeln gespeist und von Erdwurzeln getragen. So ist er zugleich eins mit dem „Allherzen" und „Urgrund". Er lebt aus der eigenen Mitte, welche ihm ebenso Weltmitte wie Allmitte ist. Gleichsam wie jene ungewollte Individualität die Wahrheit des Himmels selbst verkörpert, so ist die Kraft, welche Blumen wachsen läßt, die gleiche, die auch die beseelte Hand zum Blumenstellen führt, und die sich unmittelbar am „Allherzen" nährt. Der echte Schüler wird in dieser Kunst nicht weltabgewandt, noch weniger weltflüchtig sein, er lebt vielmehr in der Mitte des Allgeschehens und steht deshalb mit beiden Füßen in der Welt. So nimmt er sie – wie sie auch sein mag – als Schicksal hin. Ja, er lebt gern in der Welt und verleugnet sie nicht. Sie ist ihm der Rahmen, in dem auch sein eigenes Dasein Wirklichkeit wird.

Dieses Prinzip der Drei enthält in seiner Unsymmetrie die Wechselwirkung der Fülle sowohl wie der „Leere", der Vitalität wie der Gelöstheit; es schließt den ganzen Kreislauf in sich ein. Indem der Schüler arbeitet, gibt er der Totalität von Himmel, Mensch und Erde in anschaulicher

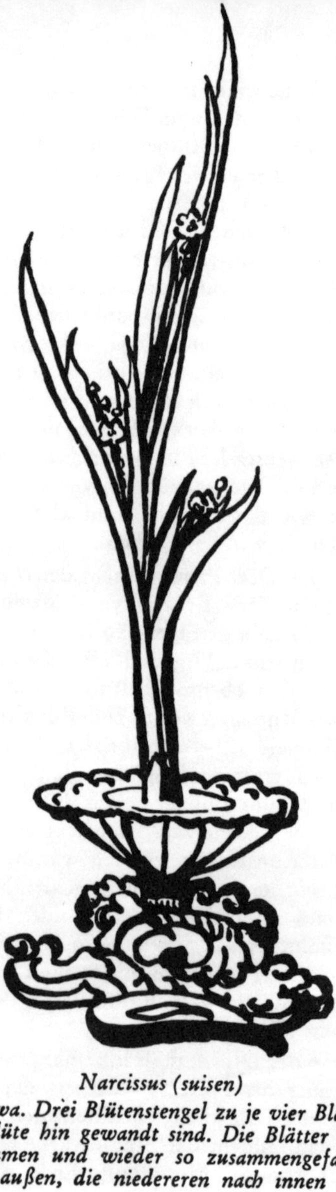

Narcissus (suisen)

Formales Seikwa. Drei Blütenstengel zu je vier Blättern, deren Spitzen zur Blüte hin gewandt sind. Die Blätter werden auseinandergenommen und wieder so zusammengefaßt, daß die höheren nach außen, die niedereren nach innen gestellt sind

Einheit und symbolischer Form eine „Wiederentfaltung". Er bettet die Beschränkung des „Ich" mit hinein und gleicht sie aus. Da er sich mit seinem ganzen Sein beteiligt, wird das kleine „Ich" im ganzen Kosmos unwichtig – es gibt dem „nicht Ich" Raum. Der Europäer würde von seinem Standpunkt aus dies vielleicht so formulieren: Nachdem die Differenzierungen überschritten sind, wird der Weg zum eigentlichen Selbst entfaltet, und damit zur Ganzheit frei. Nun wird der Schüler nicht weiter am Schema haften; er wird die Dreizahl vergessen. Sie hört auf zu sein, auch die Schrittsteine werden vergessen, um zum ewigen Ursprung zu gelangen.

Der japanische Zen-Maler Shubun, welcher im 15. Jahrhundert lebte, hat die alten Kuhhirtenbilder, die von solcher „Neuwerdung" erzählen und sie versinnbildlichen, den alten Motiven entnommen und in Bildern wieder aufleben lassen.

Aus der Gesinnungsvorschrift

In einer Gesinnungsvorschrift für den Schüler werden die wichtigsten Anleitungen zur inneren und äußeren Haltung des Blumenstellens gegeben:

Beim Lehrverlauf soll man sich gut fügen und nicht müßig schwätzen.

Es ist häßlich, wenn man sich so benimmt, als ob man mehr wüßte, als man in Wirklichkeit weiß; schöner ist es, wenn man bescheiden handelt.

Man soll auf nichts stolz sein; es gibt noch höhere Stufen als diejenige, auf welcher man sich befindet.

Wenn jemand äußerlich geschickt ist im Blumenstellen, doch nicht die einfühlende künstlerische und menschliche Feinheit besitzt, so ist er trotzdem unwissend.

Wer die Räume durch die Art seines Blumenstellens harmonisch und geschmackvoll verschönern kann, ist, selbst wenn die Weise seines Stellens ungeschickt wäre, geschickt zu nennen.

Es wird als Höflichkeit angesehen, keine hastigen Bewegungen auszuführen.
Feine und ruhige Art beim Blumenstellen ist Voraussetzung.
Man soll die Blumen zart behandeln.
Den Blumen ist nur so viel zuzumuten, wie sie ihrer Eigenart nach vertragen.
Man sehe nicht auf andere Schule herab, sondern nehme das Gute von einer anderen Schule auf. Was schlecht ist, lasse fort, selbst wenn es deiner Schule entstammt.
Oberflächlichkeit führt immer zu Verkehrtem.
Die verstorbenen Meister waren echte Lehrer. Wir müssen sie durch die gegenwärtigen Lehrer hindurch deutlich wiedererkennen.

Versammlung der Meister

Im Jahre 1928 – so kann ich aus eigener Anschauung berichten – lud Meister Takeda die führenden Blumenmeister Japans nach Sendai ein. Jeder von ihnen sollte an praktischen Beispielen die Eigenart seiner Ausdeutung dieser Kunst vorführen. Täglich begannen sie in der Frühe, stellten ihre Werke in auserlesenen Vasen zur Schau, und bis zum späten Abend riß der Strom der Besucher nicht ab, die sachverständig und ehrfürchtig nicht müde wurden, die erstaunliche Vielfalt differenzierter Abwandlungen eines und desselben Themas in mustergültigen Formen zu bewundern.
Am achten Tage versammelten sich die Meister zum letzten Male. Ihr Abschiedsgespräch galt auch dem Bedauern, die gesteckten Blumen abends wieder aus den Vasen herausnehmen zu müssen, um diese für die Aufgaben des nächsten Tages frei zu machen. Den Blumen würde dadurch versagt, ihren Weg zur vollen Entfaltung zu gehen. Als lebende Wesen würde ihre Zeit verkürzt, sie könnten sich nicht bis zu den Grenzen hin vollenden, an denen die Reife in die eigentümliche Schönheit des Verblühens übergehe. Sie beschlossen, in einem feierlichen Akt der

Kamelie
Camellia japonica (tsûbaki)
Nageire: Blüte, Knospe und fünf Blätter an einem Zweig, in glatter Zinnvase

Blumen zu gedenken, die seit altersher zum Blumenstellen verwendet, abgeschnitten, und, wenn verwelkt, weggeworfen oder, einer früheren Sitte gemäß, den forttragenden Wellen übergeben wurden.
Unter allgemeiner Zustimmung wurde beschlossen, die verbrauchten Blumen im Garten des Meisters Takeda zu begraben und einen Gedenkstein zu errichten, der auf der Vorderseite die Anschrift trage: „Den Seelen der geopferten Blumen", während auf der Rückseite die Namen der beteiligten Meister eingemeißelt wurden. Wie ich später erfuhr, nachträglich auch mein Name.

Die Übermittlung der Lehre

Nicht nur der geistige Gehalt der Lehre, sondern auch besondere technische Erfahrungen wurden streng geheim gehalten. So zum Beispiel verschiedene Mittel, um das Leben der einzelnen Pflanzen zu verlängern. Auch sie gingen nur in mündlicher, wenn nicht sogar stummer Überlieferung vom Lehrer auf seinen Schüler über, sobald dieser herangereift, das Amt des Lehrers meist in der Nachfolge übernehmen konnte.
Erst in der Gegenwart wurde dieser Bann gebrochen. So hat mein Lehrer D. B. Takeda, Vertreter der Hongen-Enshju-Lehre, ein großes, vierbändiges, sehr anschauliches Werk mit selbst gezeichneten Abbildungen und Erklärungen über das „Ikebana" herausgegeben. Wie er erzählte, ist es ihm zuerst vielfach verübelt worden, daß er so vieles der Öffentlichkeit preisgegeben habe. Er wandte jedoch ein, daß in der heutigen Zeit alte Erfahrungen vielfach überholt worden seien und es auch dem Geist der Lehre nicht schaden dürfe, wenn dies oder jenes veröffentlicht wird.
Doch so ausführlich er auch die Lehre über die Idee des Blumenstellens erörtert hat, so ist er dennoch nicht imstande, sie in der Weise zu übermitteln, daß sie sich ganz verstandesgemäß begreifen ließe. Jede Darstellung hat dort ihre Grenze, wo es um das Letzte und Eigentlichste

geht, um das, was eben nicht mehr gesagt, sondern nur noch erlebt werden kann. Es gilt freilich von jeder Kunst, daß man nicht erwirbt, was man nicht erfühlt.

In ganz besonderem Maße trifft dies für die Künste des Ostens zu, ob es sich nun um Blumenstellen, Malen, Bogenschießen oder anderes handelt. Denn diese setzen nicht nur künstlerische Begabung voraus, sondern eine durch vieljährige Konzentrationsübung erworbene geistige Einstellung, welche den Schüler befähigt, das zu erleben, worauf es vor allem ankommt: das seinem Wesen nach Unsagbare, Absolute, den „Geist" selbst.

Obwohl es lebhaft zu begrüßen ist, daß im gegenwärtigen Japan mehr und mehr das Bedürfnis erwacht, von der bloß mündlichen Tradition abzuweichen und sie der breiten Öffentlichkeit zugänglich zu machen, so darf man doch nicht übersehen, daß die bisher geübte Lehrweise eine außerordentlich bedeutsame Nebenwirkung im Gefolge hat. Durch die Geheimhaltung der Lehre wurde der Japaner zu jener Ehrfurcht vor allen Erzeugnissen der Kunst erzogen, die dem Ausländer auf Schritt und Tritt auffällt. Man braucht ja nur zu beobachten, wie ehrfurchtsvoll ein Japaner sich in einer Blumenausstellung benimmt, wie er ein Tuschebild betrachtet oder wie er ein wertvolles Schwert in die Hand nimmt, als könnte er durch die Versenkung in die Werke des Schöpfers auch seines Geistes teilhaftig werden.

Diesem entspricht auch die Verehrung, die der Japaner dem „Sensei", dem Lehrer entgegenbringt; ist er es doch, der dem Schüler sein geheimstes und tiefstes Wissen um die letzten Dinge nach und nach übermittelt und somit den Geist der Lehre ihm überträgt. Der Lehrer seinerseits, von seiner hohen Aufgabe durchdrungen, wird dem Schüler, welcher die menschlichen Qualitäten ebenso zu schätzen weiß wie alle Möglichkeiten eines darzustellenden Wissens, das beste Vorbild geben. Er verwirklicht durch die Art seiner Lebensführung den Sinn und die Auswirkung seiner Lehre; er prägt ihr durch sein Mensch- und Künstlerdasein das Siegel der Wahrheit auf. Gerade solche unmittelbare Übertragung hat jene Ehrfurcht vor

Hosta ovata (giboshi), Funkie, blue day lily
Genau ausgeführtes Seikwa zeigt stufenförmig angeordnete breite Blätter; eine einfache ruhige Keramikvase

der Lehre hervorgerufen und im Herzen des Japaners befestigt, die er weitgehend bis zum heutigen Tag bewahrt.

Der Lehrer ist nicht nur „Belehrer“. Alles, was er durch sein Verhalten im Schüler an Menschenwürde, an Rechtschaffenheit, Takt und Verantwortung bestärkt, ist ebenso wichtig und bedeutungsvoll wie die Gelehrsamkeit, welche er übermittelt. Würde diese Grundbedingung fehlen, so wäre er kein „wirklicher Lehrer“, kein glaubwürdiger, gerundeter Mensch. Der Schüler hat ein außerordentlich feines Empfinden dafür, inwieweit der Lehrer seine „Berufung“ erfüllt. Er sieht in ihm zugleich den väterlichen Freund, den Berater, welchem er größtes Vertrauen entgegenbringt und dem er für das ganze Leben ergeben und dankbar bleibt.

Von einem Fürsten wird erzählt, wie er auf einer Reise zuerst seinen schlichten, ehrwürdigen, alten Lehrer in der Behausung besuchte. Alle standen bereit, um den hohen Herrn mit Ehrenbezeugungen zu empfangen. Der Lehrer aber wußte, daß ein guter Schüler ihn aufsuchen würde, und so tat er recht, ihn bei sich zu erwarten. Auch hier wird bezeugt, wie ausschlaggebend das menschliche Verhalten von Schüler und Lehrer ist. So genießt der Lehrer, der seinem Schüler ein lebensvolles Vorbild war und ihm gute Gesinnung und Halt auf den Lebensweg mitgab, stets vollstes Vertrauen und bleibende Hochachtung; er behält seinen Platz im Herzen des Schülers.

Vielleicht kann die Forderung an den Lehrer durch ein kleines Beispiel veranschaulicht werden. Herrigel besichtigte eines Tages mit seinem Freund Professor Sozo Komachiya die bekannte Perlenschau von Mikimoto in Tokyo. Dort wird der Muschel auf künstliche Art ein Fremdkörperchen eingefügt. Sie wehrt sich dagegen und umhüllt es im Laufe der Zeit mit der Perlenschicht – das störende Element wird in Schönheit umgewandelt. Eine dieser künstlichen und doch wiederum echten Perlen fiel meinem Mann durch ihre seltene Form und den ausnehmend schönen Glanz besonders auf. Eben diese Perle erhielt er als Erinnerungsgeschenk. Sie wurde jedoch weder in Japan noch anderwärts getragen, obwohl sie eine liebe Erinnerung bedeutete. In Japan würde ein Philosoph sich nie mit äußeren Schätzen schmücken; er ist der bescheidenste, von äußeren Dingen unabhängigste, selbstloseste Mensch. Sein Leben wird von innerem Sinn und Gehalt geprägt, der sich im ganzen Verhalten widerspiegelt.

DER BLUMENWEG

Die zehn Tugenden

Eine alte Tradition berichtet von den Tugenden, die dem Blumenkünstler eigen sein müssen, wenn er in den Geist der „echten Lehre“ eindringen will, und die er zugleich gewinnt, wenn er in diesen Geist eingedrungen ist. Mit ganz einfachen Worten wird etwas gesagt, was auf den ersten Blick als unbedeutend, ja, als kindlich anmutet. Indessen muß man hier, wie so vielfach sonst im Osten, zwischen den Zeilen zu lesen verstehen.

Diese zehn Tugenden, welche den lebendigen Geist der Lehre vermitteln wollen, lauten dem Sinn nach folgendermaßen:

1. Hohe und Niedere stehen in geistigem Verkehr durch das Blumenstellen.
2. Das „Nichts“ – das All im Herzen tragen.
3. Ruhige, klare Gesinnung. Ohne Denken kann man Lösung finden.
4. Freimachen von allen Sorgen.
5. Vertrauter, schonender Umgang mit den Pflanzen und dem Wesen der Natur.
6. Alle Menschen lieben und achten.
7. Den Raum mit Harmonie und Ehrfurcht erfüllen.
8. „Echter Geist“ ernährt das Leben; das Blumenstellen mit religiöser Gesinnung verbinden.
9. Einklang von Leib und Seele.
10. Selbstverleugnung und Zurückhaltung; frei von Bösem.

Nur wer lange genug im Osten gelebt hat, weiß, daß unter „Freimachen von allen Sorgen“ die Fähigkeit verstanden wird, auch die erbarmungslosesten Schicksalsschläge gelassen hinzunehmen. Bei den in Japan so häufig auftretenden Naturkatastrophen zeigt sich, und zwar selbst bei den einfachsten Menschen, daß hinter diesem Wort eine erstaunliche geistige Kraft stehen kann.

Ebenso ist der „vertraute Umgang mit der Natur“ keine bloße Redensart und bedeutet viel mehr, als diese schlichte Ausdrucksart ahnen läßt. So werden z. B. bei dem begeistert gefeierten Fest der Kirschblüte von den Beschauern keine Blüten von den Bäumen heruntergeholt – selbst nicht von den Kirschbäumen mit tief herabhängenden Zweigen. Bei jedem Kuli kann man beobachten, welch feines Verständnis er den Blumen entgegenbringt, wie echt und ungekünstelt sich die Naturliebe ausspricht. Selten, daß ein Spaziergänger Blumen pflückt. Er läßt sie am liebsten dort, wo sie wachsen. Auch von Kindern werden sie kaum in Wald und Feld abgerissen, geschweige denn unterwegs verloren.

Wer Einblick in japanische Tuschemalerei hat, weiß, daß der „vertraute Umgang mit Pflanzen“ mehr besagt als sentimentale Naturschwärmerei. Gemeint ist damit vielmehr jener produktive Umgang, der das Wesen der Dinge entdeckt, ihnen gleichsam ins Herz schaut. Das „Nichts“ im Herzen tragen, bedeutet, das Höchste und Letzte besitzen, das „All“ selbst. Diesem Wesen des „All“ nahe zu sein, aus ihm heraus, aus dieser Ursprünglichkeit des Herzens leben zu können, schafft jenen „echten Geist, der das Leben ernährt“. Und ebenso wird, wer mit dem „Wesen der Natur“ vertraut ist, auch das Wesen des Menschen verstehen und ihn „lieben und achten“ um des „echten Geistes“ willen, der auch in ihm lebendig zu werden vermag. Ein Beispiel dafür ist die japanische Hilfsbereitschaft bei Naturkatastrophen.

Wie man sieht, sind die zehn Tugenden durchaus nicht so harmlos gemeint, wie sie auf den ersten Blick erscheinen mögen. Sie stellen vielmehr, recht verstanden, eine strenge Zucht des Geistes dar. Und wer durch sie hin-

Pinus (matsu)

Seikwa. Kiefernzweige an einem Stamm gewachsen, ergeben ganz von selbst und formvollendet die drei Hauptlinien. Dazu eine geeignete Bronzevase

durchgegangen ist, der wirkt in jenem tiefen Sinne, daß seine Tätigkeit, weit entfernt von geistloser Betriebsamkeit, ihren Grund in jener Urbewegtheit des Alls hat, die eins ist mit der Urstille.

Im Zusammenhang hiermit wird verlangt: „Leer zu sein von sich", ohne kleinliche und störende Gedanken im „Eingklang von Leib und Seele", dem „Allherzen" Raum geben, sorglos wie die Blume auf der Wiese „nichts und doch alles" sein.

Diese Erfahrungen finden ihren Ausdruck in allen japanischen Künsten. Beim Blumenstellen sind deshalb auch die unausgefüllten leeren Stellen als zugehörig zu betrachten. Sie sind im ganzen Zusammenhang ebenso bedeutungsvoll wie die Linien des Drei-Prinzips selbst. Auch sie gleichen dem Unsagbaren, Undarstellbaren, dem wortlosen Schweigen. In der unsymmetrischen Harmonie kommen die leeren Stellen in ihrer rhythmischen Einbezogenheit besonders „sprechend" und deutlich zum Ausdruck. Den vielsagenden Ausdruck des Schweigens vermittelt auch die ganz unscheinbare, doch gerade deshalb auserwählte Blume oder Pflanze, welche im Teeraum einen sehr wichtigen Platz einnimmt, doch nur in leisen Farben und schlichter Gestalt anspruchslos der Teezeremonie beiwohnt, als wolle sie die Bedeutung der gegebenen Stunde gerade durch ihr lautlos in sich ruhendes Schweigen unterstreichen.

In der Weiträumigkeit der Leere verdichtet sich alles, hebt es sich ab, wird es herausgestellt, um sich gleichsam in dieser Unbegrenztheit, in der Gestaltungskraft des schöpferischen Ursprungs zu bespiegeln. So kann uns auch die unsymmetrische Liniengestaltung des Drei-Prinzips nahe vertraut werden durch ihre sichtbare Gelöstheit in lebendiger Raumstille. In dieser Vereinigung von Leere und Gestalt überwächst das Werk seine Begrenzung und Gebundenheit. Es lebt auf wie eine freie Neuschaffung durch eben diese stetige Gestaltungskraft der Leere.

Auch beim Tuschebild sind die leeren Stellen geradezu als positive und bedeutsame, wie unerläßliche Ausdrucksmittel mit einbezogen. Welch breite Flächen nehmen in der Tuschemalerei Luft, Nebel, Wolkendunst und nur angedeutete Wasserflächen ein! Ein östliches Sprichwort sagt: „Ein Bild ist tausend Worte wert."

Beim No-Spiel und in alten Theaterstücken, welche im Kabukitheater zur Aufführung kommen, sind gerade diejenigen Stellen die ausschlaggebenden und bedeutungsvollsten, bei welchen überhaupt nicht gesprochen wird, sondern der Schauspieler durch sparsamste, doch konzentrierteste Mimik und Gestik alles wortlos von innen her ausdrücken muß.

Beim Bogenschießen bedeutet für den Schützen die Zielscheibe das „leere Nichts". Der Weg des Pfeils zu ihr hin ist weiteste, entspannte Spannung. Leersein ist gleich All-eins-sein.

Die durch ihre geringsten Wortmittel gekennzeichnete Haikudichtung erzählt mit den „vielsagenden Ausdrucksmitteln" eines beredten Schweigens und Verschweigens von der Ganzheit der Geschehnisse.

Die Kalligraphie fordert geradezu eine Wechselwirkung mit leeren Stellen. Die in Tusche hingemalten Buchstaben werden vom Freibleibenden mitgeformt und angeatmet.

Aus solcher Leere spricht die „Form des Formlosen".

Es spricht daraus die Bedeutung des „Inhalts der Leere", das „Bild des Unsichtbaren".

Der Teeraum führt den vielsagenden Namen „Stätte des Leeren": Versenkung, Bewegung ermöglicht nur der leere, allumfassende Raum.

Die Hauptforderung

Als Hauptforderung der zehn Tugenden gilt die Verbindung mit „Blumenherz" (hana-no-kokoro) und „Allherz".

Es ist daher ganz selbstverständlich, daß während der Arbeit nicht gesprochen werden soll und überhaupt jedes unruhige und Unruhe stiftende Benehmen verpönt ist. Der Grund hierfür liegt nicht nur darin, alles zu vermeiden, was die Konzentration stören oder ablenken könnte. Vielmehr wird hier die ursprüngliche Bedeutung des Blumenstellens als religiöse Zeremonie offensichtlich. Hiermit hängt auch die strenge Beachtung von Reinlichkeit und Ordnung zusammen. Denn ursprünglich mag der Raum, in welchem Blumen gestellt wurden, geheiligt gewesen sein. Diese Auffassung hat sich bis auf den heutigen Tag erhalten; der Raum sei noch so schlicht und unscheinbar, er wird durch das Blumenstellen, wenn es im „echten Geist" ausgeübt wird, gleichsam geweiht.

So kommt es, daß der Anfänger besonders dazu angehalten wird, des „Blumenherzens" zu gedenken. Erstens, um die Blume richtig anzufassen, zweitens, um in seines eigenen Herzens Selbstverständlichkeit und Sicherheit zu leben. Es soll sein wie das „Blumenherz", leuchtend, sich verschwendend und zugleich selig in sich befangen. Und was der Schüler so dem Blumenherzen ablauscht und in sein eigenes Herz hineinnimmt, das teilt er zugleich freigebig und absichtslos wieder anderen mit. So ergießt sich ein ewiger Liebesstrom vom Blumenherzen zum Menschenherzen, zum Allherz und flutet von diesem wieder zurück. Eine solche feierliche und unbeschreibliche Atmosphäre belebt den Raum, in dem Schüler und Meister zu gemeinsamer Arbeit sich finden. In ihr gedeihen Werke, die der Glanz der ewigen Stille einhüllt.

Im engsten Zusammenhang mit dem „Blumenherzen" steht das „Allherz" – der Umgang mit Menschen. Zwar ist alles gleich wichtig und gleich berechtigt. Es gibt keine vorgezogenen Bereiche – etwa der Bereich des Menschen und der menschlichen Dinge, als ob er die Krone der

Schöpfung bildete – nicht einmal deutlich abgrenzbare Bereiche des Lebens; für den Japaner bedeutet alles Leben eine ununterbrochene Einheit, aus gemeinsamer Wurzel stammend. Wenn er auch Pflanze vom Tier und beide vom Menschen unterscheidet, so glaubt er doch nicht an die Begrenzung von Wertunterschieden; als sei das eine höher als das andere, wichtiger und wertvoller, im Sinn und Ziel des Daseins. Es könnte sein, daß eine Blume oder ein Blütenzweig die Gestalt des Lebens reiner widerspiegelt als irgendein Mensch, der sich als Ausnahmeerscheinung vorkommt.

Wer also glaubt, es genüge zur Erlernung der Blumenkunst, sich Blumen gegenüber als feinfühlig, Tieren gegenüber einigermaßen verträglich und umgänglich zu erweisen, ist ebenso schlecht beraten wie der, welcher alle Betonung auf den Umgang mit Menschen legt, Blumen und Tiere dagegen als mehr oder weniger willkommene Begleiterscheinungen – eben nur „auch" daseiend – ansieht. Nach seiner Meinung könnten diese sogar fehlen, ohne daß der Bereich des menschlichen Daseins irgendwelche Einbuße erlitte! Blumen als wohltuend empfundener Schmuck, Tiere im Zoo, diese gelegentlichen Begegnungen genügen ihm, der so viel Wichtigeres zu tun hat! In Wirklichkeit aber ist die Beobachtung von Blumen ebenso wichtig wie die des Lebens und seiner Fülle überhaupt, der Kontakt im Umgang mit Menschen und Tieren ebenso wichtig wie der mit Blumen. Der angehende Blumenkünstler ist also kein Spezialist, der alles andere, was nicht Blume heißt, vernachlässigen darf, sondern er gliedert sich allumfassend ein.

Schon im Leben des Kindes kann dem Umgang mit Pflanzen eine gewisse Bedeutung zugemessen werden. Meist ist die Blume das erste pflanzliche „Lebewesen", welches bereichernd in seinen Umkreis tritt. Sobald eine Pflanze in die Obhut eines Kindes gegeben werden kann, entsteht durch seine betreuende Pflege zugleich auch eine innere Beziehung im Sinne von Schutz und Verantwortung. Eine anvertraute Pflanze pflegen und ihr Wachstum miterleben, stellt dem Kind zugleich die Aufgabe, sie liebevoll zu bewachen. Ein instinktives Empfinden zwischen Menschenleben und allem Naturdasein wird geweckt. Es bedeutet eine Bereicherung des Gefühlslebens, Wachstum und Entfaltungsmöglichkeiten der Pflanze zu beobachten. Dieses verstehende Empfinden kann sich dann auf die Tierwelt, auf alles Naturdasein und die Zusammenhänge im Kosmos erstrecken.

Mit der Beobachtung von Wachsen und Werden in der Natur, wird sich eine Beziehung zum eigenen „Wachstum" ergeben, ein „Hineinwachsen" in den eigenen Aufgabenkreis. In ihrem lebendigen Wachstum sieht die Pflanze einen jeden an. Das Zusammensein mit Blumen belebt und veredelt die ganze Atmosphäre. Es ist, als ob in Gegenwart schöner Blumen die Menschen sich nicht unschön benehmen könnten und durch den Umgang mit ihnen sich ihr Wesen verfeinern würde. Unzweifelhaft kann das kleinste Blumengebilde auf dem Eßtisch das Gemüt des Kindes anders formen, als wenn Mahlzeiten in liebloser Umgebung eingenommen werden. So wird selbst ein Empfinden der Dankbarkeit für das Gegebene gepflegt.

Ein anderes Beispiel könnte hier angeführt werden: Blumen einem Kranken dargebracht, geben neue Hoffnung auf ein Weiterleben. Blumen auf einem geliebten Grabhügel sprechen vom ewigen Kreislauf des „Stirb und Werde"; sie geben Trost und Verheißung.

Blumen tragen in jede Umgebung ihr eigenes Gepräge, sie sprechen zu uns, als wenn sie mit unserem Leben verwurzelt wären. Sogar in einem kahlen Büroraum können Blumen auf dem Schreibtisch Wunder der Entspannung und Sammlung bewirken.

Um eine volkstümliche Redensart zu gebrauchen: seinem Mitmenschen etwas durch die „Blume" sagen, kann ihn nicht verletzen.

Eine andere vergleichende Ausdrucksweise: ein junges Mädchen ist wie eine „Blume". Alles dieses betont den Zusammenhang, die Verbundenheit und Wechselwirkung zwischen Menschen – Pflanzen – Allwelt. Wenn daher der Schüler den „Blumenweg" richtig geht, so wird ihm

Rhodea japonica (omoto) Rhodea Seikwa. Elf Blätter ergeben in fächerförmiger Anordnung der Vorder- und Rückseiten klare Umrisse. Breite Blätter decken schützend rote Fruchtbeeren

schon von Anfang an klar: der Weg weist auf nicht voneinander zu trennende Spuren hin. Der Schüler wird nicht allein auf die äußere, konkrete, dem Auge sichtbare Tätigkeit gelenkt. Erst die stille Einkehr läßt ihn ruhig, entspannt und andachtsvoll zur Arbeit übergehen. Er empfindet diese Übungsweise wohltuend und geeignet, um seinem Schaffen den wahren Ausdruck zu verleihen. Von seiner Wesensmitte und inneren Besinnlichkeit geht der Weg in gerader, harmonischer Linie zur Außenwelt. Die Augen werden von dem Wunder der Schönheit der vor ihm liegenden Pflanze erfüllt. Der Schüler vertieft sich begeistert in den Zauber ihres naturhaften Eigenlebens. Verbunden mit dem alleinigenden Sein, aufgenommen im Gesamt des Kosmos, kann er vom Zentrum seines Menschseins her gestalten.

In diesem Sinne stellt er den Zweig – den „Menschen" – in der Vase, in die Mitte zwischen „Himmel" und „Erde", die ihm seiner Symboldeutung gemäß zukommt. Der Bogen des Himmels (der Wahrheit) ist über dem Menschen gespannt, die Erde liegt ihm zu Füßen. Im Einvernehmen mit diesem Prinzip der Drei, welches die allumfassende Ganzheit versinnbildlicht, wird der Schüler versuchen, in Lauterkeit der „Wahrheit des Himmels", wie in fürsorgender Liebe dem irdischen Dasein und seinen Pflichten gerecht zu werden.

So wird sich der Schüler nach und nach über die weiten Aufgaben, welche ihm durch die Lehre des Blumenstellens zukommen, bewußt. Die äußeren Aufgaben entsprechen den inneren, da sie sich gegenseitig bedingen. Er hat erfahren, wie wesentlich die innere Sammlung zum Werk gehört; ohne Frieden und Ruhe, in Hast und starrer Ichbezogenheit gibt es keine Gelöstheit und Freiheit – der Blumenweg bleibt ungangbar und verschlossen.

Das Schema, dem der Schüler zu Anfang fragend gegenüberstand, wird ihn nun nicht mehr als bloß äußerliches Gebilde einer Dreiteilung beeindrucken. Er hat es in seiner Schönheit grundlegend und anschaulich viele Male herausgeformt und vor sich hingestellt. Aber es ist kein äußeres Tun geblieben. Er wird sich des zugrundelegenden

kosmischen Prinzips und der tieferen Zusammenhänge bewußt.
Vielleicht wird der Schüler die Bedeutung der an ihn gestellten Aufgaben zuerst von zwei Seiten her betrachten, bis er sie zur einheitlichen Auswirkung bringen kann. Einerseits wird er in seiner Arbeit Ruhe, Geduld und Ausdauer entwickeln. Andererseits wird er versuchen, so gut wie möglich diese Arbeitsweise in das praktische Leben hineinzutragen. So bleibt er auf seinem Wege nicht stehen, sondern kann sich vielseitig entfalten und die Wegmitte finden. Er hat den Blumen neu belebende Form und Zusammenstellung gegeben; somit – ohne zu wollen – diese Formung zugleich auch aus sich heraus und in sich hinein gestellt. Dieses wechselwirkende Zusammenspiel im Sinne der ursprünglichen Lehre hat sein ganzes Wesen ergriffen, verdichtet, gerundet. Er lebt in harmonischer Einheit mit sich, mit der Umwelt und der Allwelt. Er wird vom Himmel, wie von der Erde getragen. Heimatlosigkeit, Zerrissenheit und Ziellosigkeit finden hier keinen Platz. Die Einheitlichkeit des Wesens ist verwirklicht. Und noch weiter führt der natürliche Weg über die symbolische Behandlung der Blumen, des speisenden Wassers, der formgebenden Gesteine hinaus. Der Schüler begeht den „Blumenweg" nicht nur in einer einzelnen Übungs- oder Feierstunde. Die lebendige, schöpferische Gegenwart solcher Stunden wird ihn weiterbegleiten und lenken. Dieser Weg kann selbst das Leben geleiten mit immer neuem, lebensvollem Ausblick und Beginnen. Von hier aus könnte der Satz verständlich werden: man begeht diesen Weg, „wie wenn man ihn nicht beginge", das heißt: Weg und Schüler sind eins geworden.

Das rechte Verhalten zur Pflanze

Es gibt hierfür ein berühmtes Beispiel: die Geschichte von einem Kuli, welcher auf einem steinigen Bergpfad daherkeuchte und ein durstiges Blümlein entdeckte, das zwischen glühendem Geröll zu verschmachten drohte. Er

Iris enseta (hana shobû), eine der vielen Irisarten

Seikwa. Elf Blätter umrahmen drei Blumen. Shin bildet das Kronblatt; die Betonung aber liegt afu der Gyo-Linie

kniet trotz seiner Last nieder und gießt den letzten Schluck Tee über die zarten Wurzeln, damit das Blümchen die sengende Hitze übersteht. Dann hastet er unbekümmert weiter, seinem fernen Ziele zu. Diese Begebenheit wird nicht wegen ihrer Seltenheit, sondern wegen ihrer Eindringlichkeit von Mund zu Mund weitererzählt.

Sogar Künstler haben sich mit solchen Motiven beschäftigt, ebenso wie mit dem der blühenden Winde, welche sich über Nacht um den Wasserschöpfer des Mädchens geschlungen hat: Ein zierlich-zartes Mädchen, so wird berichtet, geht in der Frühe aus, vom nahen Dorfbrunnen Wasser zu holen. Über Nacht jedoch hatte eine Winde das Seil, an dem der Schöpfeimer hängt, umrankt und eine einzige Blüte getrieben, die wie in trunkener Lust der Fülle des Lichts sich öffnet. Das Mädchen, entzückt und seltsam betroffen zugleich, bringt es nicht übers Herz, dieses wundersame Geschehen zu stören. Vom entfernteren Nachbarbrunnen trägt es die gefüllten Eimer, des mühsamen Umweges nicht achtend, in fröhlichem Sinnen zurück.

Um mein Brunnenseil
rankte eine Winde sich –
gib mir Wasser Freund.
(Haiku: Windenblüte)

(Wir selber besaßen einen auf Seide gemalten Kakemono, welcher dieses Motiv mit wenigen vielsagenden Linien darstellte. Daneben stand das dazugehörige Dichterwort.)

Von der chinesischen Kaiserin Komyo wird erzählt, daß sie nur mit Ehrfurcht eine Blume berührte, im Gedanken, ihre Hände könnten die Blume beschmutzen: „Wenn ich dich pflücke, wird meine Hand dich beflecken, o Blume." Solches Empfinden zeichnet den Weg des „rechten Verhaltens", des schonenden Verhaltens zur Umwelt. Je mehr erkannt und geübt wird, um so klarer wird die Einsicht, daß dies alles zu den Forderungen des Blumenstellens gehört.

Auch durch Beobachten und Skizzieren in der Natur kann man mit dem Leben der Blumen vertraut werden und sie so kennen lernen, als hätte man sie erschaffen.
Sich ganz hingeben in Selbstverleugnung und Geduld; sich nicht wichtig nehmen, sondern einordnen, gütig, unaufdringlich, ohne Dank zu erwarten – dies alles gehört zum Blumenweg.
Der Gärtner, der vor jeder Unterrichtsstunde und auf besonderen Wunsch mit einem dicken Strohgeflecht unter dem Arm zu den verschiedenen Liebhabern kommt, scheint etwas von diesen Tugenden zu erfüllen. In solcher Umhüllung bringt er auf höflichste Art eine reiche Auswahl gebündelter Zweige, Blüten und Blumen.
Er hat sie nicht wahllos abgeschnitten, sondern schonend, bedächtig nur diejenigen, welche zur Zusammenstellung gehören. Auch wird er nie die Blumen des umkleidenden Blätterschmuckes berauben. Blattgrün sowie Knospen und Erblühtes gehören zur vollständigen Wiedergabe des natürlichen Wachstums. Mit wieviel Geduld und freundlicher Ruhe wartet er, bis die Käuferin ihre Wahl getroffen hat. Wie billig verkauft er diese blumigen Wesen! Und wie bescheiden, sorgsam und anstandsvoll überreicht er sie!
Japan ist bekannt als das Land der Blumen. Dies ist in ganz eigentümlichem Sinne zu verstehen. Denn in den Hausgärten findet man keine Schnittblumen, sondern gehegte und besonders betreute Gewächse. Mit großer Liebe und Hingabe werden sie gepflegt, und schon deshalb nicht gerne vom Strauch oder Baum abgeschnitten. In den Gärten begegnet man Pflanzen, die in seltenem Formenspiel zueinander stehen und nicht entfernt werden sollen. Vielleicht wird die im Garten gezüchtete Blume um so mehr geschätzt, da blumige Wiesen kaum anzutreffen sind. Außer gewissen berühmten Hainen, zu denen das Volk in Ehrfurcht wallfahrtet, treten frei wachsende Blumen selten auf. Die Gärtner müssen die für die Vasen nötigen Schnittblumen und Sträucher anpflanzen. Die Reisfelder beanspruchen einen Großteil des Gebietes und jede Scholle wird für die Ernährung ausgützt.

Paeonia spec (botan) Päonie
Unformales, naturgewachsenes Seikwa, mit starker, doch ganz natürlicher Betonung des Gyo. In einer der beliebten Bambusvasen, deren es in verschiedenen Größen und Formen gibt

Doch es gibt in jeder Jahreszeit Anlässe zu freudigen „o' hana mi“, das ist das festliche Blumenbesehen. Volksmengen, ja ganze Familien wallfahrten zu den ehrwürdigen, alt berühmten Geländen des Landes. Da sind die Kirschblütenhaine, welche das Auge kilometerweit in ihren Bann ziehen. Im Frühling gibt es weiß leuchtende Narzissen, dufthauchend in versteckten Tälern. Wistariablüten, mit lilafarbenen Schleiern angetan, faszinieren und eifern neben dem Rot der Shintobauten in uralten Tempelgärten. In langen Trauben behängen sie Brücken, welche staunende Besucher überschreiten. Im Herbst lokken flammende Schattierungen in weiten Ahorngründen, wenngleich der japanische Ahorn seine Anziehungskraft auch im Frühjahr in zart rotem Blättergewand und im Sommer in kühlem Grün ausübt.

Die Chrysantheme (kiku) ist die goldene Blume des Ostens und Wappenblume. Es gibt gegen zweihundert Arten und Abarten dieser gefeierten Pflanze, deren Pflege jeden, auch den Ärmsten, beglückt. Das allgemeine Chrysanthemenfest, welches jedes Jahr am 9. September begangen wird, ist ein erhebender Feiertag.

Es gibt Iris- und Lotus-Freunde, und jeder von ihnen weiß seine Lieblinge zu finden und zu bestaunen.

Für das besondere Verständnis, welches der Japaner der Kunst des Blumenstellens entgegenbringt, ist also nicht zuletzt seine Naturnähe und Naturliebe maßgebend. Sie macht ihm gerade die symbolische Sprache der Blumen verständlich und übersetzt sie ihm gleichsam in schaubare Gegenwart.

So gilt zum Beispiel der Lotus als die Blume des religiösen Kultes. Er ist Sinnbild der Reinheit und Unsterblichkeit. Denn er erhebt sich himmelschauend über trübem Wasserspiegel, über schlammigem Erdgrund in klaren Farben, umgeben von makellos glänzenden, frischgrün dastehenden Blättern.

Knospen und eingerollte Blätter manifestieren die Zukunft. Geöffnete, sich zu vollen Blumen entfaltende Blüten erschließen die Gegenwart. Majestätische Samenträger abgeblühter Blumen erzählen von der Vergangenheit.

Die Pflaumenblüte bezeugt Widerstand gegen Unbill und neue Hoffnung. Ein alter Stamm mit jungen Trieben meint Reife, gepaart mit Zartheit. Die Peäonie symbolisiert in ihrer überschwänglichen Üppigkeit Pracht und Reichtum. Die Kiefer steht für Unerschütterlichkeit, Kraft und Charakterfestigkeit. Der Bambus stellt langes Leben, Haltbarkeit, Überfluß dar usw.

So ist neben der ursprünglichen Natur der gestellten Blumen auch wesentlich, was sie dem einheitlichen Blick noch besagen und ausdrücken. Aus der besonderen Steckweise soll verstanden und beurteilt werden, was das fertige Gebilde unmittelbar darstellt. Verfeinerte Betrachtungsgabe aber kann noch einen Schritt weitergehen, indem sie aus dem Gebilde die geistige Eigenart des Künstlers herauszulesen vermag, und noch genauer, was hinter ihr steht: Das Unendliche, Unsagbare.

Mit Wenigem alles sagen zu können, das eben war das Meisterwerk von Bokuyo Takeda. Ein an Erfahrung reiches, innerlich ausgereiftes Leben gibt die schöpferische Kraft, dies zu tun.

Im Laufe der Jahre ist mir aufgefallen, daß bei Ausstellungen die Schülerinnen, je jünger sie waren, Blumen mit um so leuchtenderen Farben wählten. Der Anfänger möchte selbstzufrieden seine Vase gern im Vordergrund stehen sehen. Der Fortgeschrittene wird auch mit der Mitte sich begnügen, während die Schale des Meisters unauffällig im Verborgenen steht. Er vermag eine so geschickt ausgewogene Anordnung herzustellen, daß sein Gebilde ein Ganzes in herrlichem Zusammenklang von hell und dunkel, laut und leise, leuchtend und schattenhaft ergibt. So braucht man sich nicht zu verwundern, daß diese Ausstellungen außerordentlich gut besucht sind. Nicht nur die nächsten Angehörigen der Beteiligten, die ganze Stadt nimmt an diesem Ereignis Anteil. Gibt es doch keine Japanerin und kaum einen Japaner, der nicht eine Beziehung zur Blumenkunst hätte und nicht wüßte, was sie bedeutet und was ihr zu verdanken ist.

Paeonie (botan)
Nageire mit drei Zweigen. Der aus edler Bronze geformte Hängebehälter stellt den zunehmenden Mond dar

Trotz der Zartheit des Geschehens wurde das Blumenstellen ursprünglich gerade von lebenserprobten Männern ausgeübt. Die Versenkung in die Einheit mit den Blumen atmet Samuraigeist, und den Ernst letzter, unwiderruflicher Entscheidungen.

Man stelle sich vor, welch ungeheure innere Kraft darin zum Ausdruck kommt, wenn ein Schloßherr, dessen Schloß bereits dem übermächtigen Ansturm des Feindes preisgegeben ist, noch die Ruhe und Sammlung findet, Blumen zu stellen. Diese letzte Handlung ist wohl eine unerschütterliche endgültige, aber keine gewaltsame. Sie will nicht etwas Besonderes bedeuten, sondern trägt den Stempel des Ungewollten, des echten und gelösten Daseins, einer ebenso kunstlosen Kunst, wie sie der Gesinnung des „echten" Bogenschützen zu eigen ist.

Nicht nur äußerlich ist der Schloßherr ein Ritter, er bleibt auch innerlich Sieger, von seinem Feind nicht zu überwinden. Ebenso unerschütterlich wie zum Leben steht er zum Tod. Das Sein fließt aus der Mitte, welche Himmel und Erde trägt, und von Beiden getragen wird.

Dieser ritterlichen wie „sanften Kunst" und Schulung unterziehen sich auch heute noch Mädchen und Frauen. Wie könnte man sich ein japanisches Heim denken ohne den erhöhten Alkoven, in welchem immer ein der Jahreszeit angepaßtes Blumenstück steht, diesem entsprechend ein Rollbild an der Wand. Je nach der zeitlichen Gegebenheit stellt es ein Motiv dar, das geeignet ist, Sammlung oder Frohsinn zu vertiefen.

Die Auseinandersetzung mit diesem Blumenweg kann im Leben des Einzelnen eine ungeheure Umwälzung bedeuten. Eine sichere, ja unerbittliche Haltung – sowohl im eigenen Wesen, wie auch in der Sprache mit den Blumen – wird oft mit den zartesten Mitteln ausgedrückt. Die so zierlich zarte, ja mimosenhaft aussehende Japanerin beweist im Umkreis ihrer Familie wie selbstlos, innerlich stark und beherrscht, oft heldenhaft sie im Leben steht.

So geht der „Blumenweg" vom „Blumenherzen" zum „Menschenherzen" und „Allherzen", „neues Leben" bedeutend, sowohl für die Pflanze wie für den Menschen. Im Menschenherzen werden die Gegensätze zur Mitte, zur Allmitte geführt: Himmel, Erde, Mensch sind hier vereint.

Kunst oder Natur?

Darf das fertige Blumengebilde – in der vollkommenen Gestalt, in der es erst sein Wesen voll entfaltet – als ein Werk der Kunst angesprochen werden, wenn auch einer Kunst, die im Dienste des religiösen Lebens und Erlebens steht?

Gerade dem vollendeten Künstler des Blumenstellens wird es darauf ankommen, Werke zu schaffen, die wie Schöpfungen der Natur selbst aussehen. Wenn auch vom Boden ihres Wachstums abgeschnitten, sind es doch lebendige Blumen und Blütenzweige, die wieder zusammengefügt werden zu lebendiger, neu geschaffener Einheit, in der aber ihre „Natur“ gewahrt bleibt. Denn trotz allen Biegens und Wendens sollen die Blumen und Zweige nicht verbogen und verdreht werden in einem ihrer Eigenart zuwiderlaufenden Sinne.

Ist nun ein solches Blumenstück ein Gebilde der Natur oder der Kunst? Oder steht es in der Mitte zwischen beiden, so daß es mehr als Natur und noch nicht reine Kunst ist? Eine eindeutige Antwort hierauf ist außerordentlich schwierig. Denn für den Japaner bilden Leben und Kunst, Natur und Geist meist eine unlösbare ungeschiedene Einheit. Er erlebt die Natur gar nicht anders als unmittelbar beseelt, den Geist nicht anders als naturhaft, absichtslos. So versteht er nicht den Sinn einer Frage, die eine Trennung von Natur und Geist, Leben und Kunst voraussetzt, als seien beide einander fremd. Für ihn ist Natur weder tot noch geistlos, noch bloßes Symbol und Gleichnis. Das Ewige selbst ist in ihrer lebendigen Schönheit unmittelbar gegenwärtig. Diese Auffassung ist für alle japanische Kunst charakteristisch. Daher trifft man ihr eigentliches Wesen nicht, wenn man glaubt, sie „idealisiere“ ihre

Patrinia scabiosaefolia (ominaeshi)
Dreizehn Zweige in zierlicher dreifüßiger Bronzevase

Gegenstände und gehe darauf aus, Spannungen zu lösen, Gegensätze zu überbrücken, um Harmonie zu stiften. Für den Japaner liegt vielmehr Harmonie ganz ursprünglich als innerste Form, Natur, Leben und Welt zugrunde und die Kunst kann keine andere Aufgabe haben als diese Harmonie darzustellen, sie wie in einem Grad von „unbewußter Bewußtheit" zu bestätigen. Der Künstler wird sie in einem von weit her ausschwingenden Uratem hervorholen, überhöhen und herausstellen. Mit diesem weit offenen Ursinn wird solche Neuschöpfung wahrgenommen und entfaltet, aus ihrem Hintergrund in eine sichtbare Formung hineingetragen.
Da der Schüler völlig darauf verzichtet, sich selbst in den Vordergrund zu stellen, wird er zugleich mit dem greifbaren Bestand der Blumen – in welchen sich der Kosmos manifestiert – auch ihres Wesensgesetzes inne, ebenso wie seiner eigenen Natur. Er selbst erlebt und schafft aus der „formlosen Form" heraus die Gestaltung seines Werkes. Der Künstler verbindet in sich den schöpferischen Impuls mit der Verwirklichung, die Leere mit der Fülle. Aus dieser übergegensätzlichen Harmonie erhöht er sein Werk und führt es über sich hinaus.
Dies zeigt sich besonders deutlich in der Kunst des Blumenstellens.
Der wahre Blumenkünstler achtet deshalb nicht so sehr auf die äußere und auch nur äußerlich sichtbar zu machende Form der Natur. Denn die äußere Form ist ihm nicht Ziel, sondern im besten Falle nur Brücke, die zur inneren Form des Gebildes führt. Sie soll nur insoweit gefallen, als sie durch den Blick nach innen in jene Tiefe zieht, in der Natur und Geist, Leben und Ideal eins sind. Auch der Künstler steht der Natur mit derselben Gesamtbezogenheit gegenüber, die jeden nicht verbildeten Japaner auszeichnet und die auf seiner fast unglaublichen Fähigkeit beruht, alles in lebendiger Ganzheit wahrzunehmen.
Die Auswahl der Blumen und Zweige hängt also nicht allein davon ab, daß sie in Gliederung und Farbe miteinander harmonieren. Viel wesentlicher ist, daß sie geeignet

sind, jene innere Form darzustellen, in der der Künstler die Welt erlebt. Blumen, Sträucher, Bäume kommen diesem Wunsch entgegen, da ihnen vielfach symbolische Bedeutung zugrunde liegt. So wird das Blumengebilde allein schon durch das verwendete Material vielsagend genug. Noch mehr aber spricht es zu dem Beschauer durch die Verbindung von wohlabgewogener Fülle und edler Einfachheit wie durch die leer gelassenen Stellen, in denen sich Konzentration, Kraft und Bescheidenheit spiegeln. Ein solches Ganzes zu schaffen, das trotz seiner formalen Gebundenheit der Phantasie weitestens Spielraum läßt und dem Erleben nirgends Grenzen setzt – darin besteht die kunstlose Kunst des Blumenstellens.

Doch nicht diese Kunst allein soll gelehrt werden. Vielmehr achtet der Meister – wie schon betont – stets darauf, daß der Schüler mit seinem ganzen Wesen in der „ungeschriebenen Lehre“ aufgeht, bis sie ihm zum selbstverständlichen Gesetz seines Lebens wird und seinen Charakter formt und bestimmt, bis der „Blumenweg“ in jeder Weise lebendig und gegenwärtig beschritten werden kann. Dann hört alles fragende Tasten auf. Der Weg ist schöpferisch lebendige Wirklichkeit geworden.

DIE ZEREMONIE

Blumenzeremonie

Aus derselben geistigen Einstellung wie das Blumenstellen hat sich auch die Blumenzeremonie entwickelt. Auch sie weist angesichts ihres ausgesprochen kontemplativen und symbolischen Charakters auf den ursprünglichen Zusammenhang des „Blumenaufstellens“ – um das alte Wort zu gebrauchen – mit dem buddhistischen Kult hin.

Bei dieser Zeremonie kommt es wieder in erster Linie auf Besinnlichkeit und tiefe Konzentration an, während die vorgeschriebenen Regeln nur den äußeren Ablauf betreffen.

Zunächst hat der Gast das in der Tokonoma (Wandnische) hängende Kakemono (bemaltes oder beschriebenes Rollbild) andächtig zu betrachten. Dann vertieft er sich in das im Vordergrunde der Tokonoma stehende Blumenstück. Der Hausherr hat, als Entsprechung zu dem Bild, welches eine Hochgebirgslandschaft wiedergibt, einen Latschenzweig mit einer Gebirgsblume in den Vordergrund gestellt. Eine Flachlandpflanze oder Blume wäre nicht geeignet, um die ergänzende Harmonie herzustellen; in wohltuendem Einvernehmen soll alles dem Beschauer zugetan sein.

Nun hat er sich dem Blumengebilde selbst zu widmen, um es in allen Einzelheiten, bei dem Hauptzweig beginnend, kennen zu lernen und zu verstehen.

Dies ist der erste Teil der Blumenzeremonie. Andächtige Versenkung und unauffälliges Benehmen werden dabei von dem Beschauer als selbstverständlich vorausgesetzt.

Prunus (ume)
So-Seikwa: Besonderes Hervortreten des So. Neun Zweige tragen reichlich Blüten, welche vor dem Erscheinen der Blätter treiben. Am 3. März jeden Jahres schmücken diese Pflaumenblüten das Puppenfest der Mädchen

Der zweite Teil beginnt damit, daß der Hausherr den Gast auffordert, selbst Blumen zu stellen. Dieser wird des Hausherrn Bitte zuerst bescheiden zurückweisen, auf wiederholte Aufforderung aber schließlich einwilligen. Nun bereitet der Hausherr alles Nötige vor. Ein paar langstielige und einfach zu stellende Blumen oder auch Zweige werden mit den erforderlichen Blumenhaltern, einer Blumenschere und einem Baumwolltüchlein in genauer Anordnung auf das Blumenbrett gelegt. In einiger Entfernung davon steht eine Kanne mit Wasser und eine passende Vase mit einer entsprechenden Unterlage. Der Gastgeber zieht sich mit den anderen noch anwesenden Gästen in einen Nebenraum zurück und wartet geduldig, bis der auserwählte Gast die Blumen gestellt hat. Dieser ist, mit gebeugten Knien auf den Absätzen ruhend, in die Betrachtung der vorhandenen Pflanzen versunken. Vielleicht begibt er sich in Gedanken in ihre Heimatgefilde – sei es Berg- oder Flachland, Fluß- oder Meeresufer. Der Gehalt des Kakemono's in der Wandnische wird das Bild seiner Phantasie vervollständigen. Eine auserlesene kleine Figur oder ein Weihrauchbehälter, welcher in der Tokonoma steht, kann ebenso den Eindruck der Harmonie verstärken und zu der Ausführung des Werkes hinleiten. Das Schöpferische wirkt im Einklang von innen und außen. Nicht nur das Versenken in Symbolik und Art der Pflanzen beseelt den Schaffenden. Er ist erfüllt und ergriffen vom Wesen der Dinge selbst. Vom warmen Menschenherzen durchdrungen, drückt er die Sprache des Allherzens aus.

Nun ruft der Gastgeber die anderen Gäste und seine Familie zusammen, um mit ihnen das fertige Werk zu besichtigen. Zwar wird sich der Blumenkünstler in bescheidener Art zunächst dagegen wehren und den Hausherrn bitten, dieses unwürdige Gebilde fortzunehmen, ohne es zu zeigen. Der Hausherr seinerseits aber bittet ebenso höflich, das schöne Werk den anderen zeigen zu dürfen. Und schließlich sitzen alle im Halbkreis um das Bild und würdigen es in andächtiger Haltung mit dem Blumenstück. Auf ihren Gesichtern spiegelt sich die Schön-

heit und Harmonie des Werkes wider; eine unsagbar weihevolle Atmosphäre erfüllt den Raum.
Diese Blumenzeremonie wird gelegentlich noch heute ausgeübt. Freilich kaum mehr in den Großstädten, sondern nur dort, wo das japanische Leben sich noch in seiner Eigentümlichkeit zu bewahren verstanden hat.
Die soeben geschilderte Blumenzeremonie macht zugleich verständlich, daß die Rede vom „echten Geist" des Blumenstellens keine bloße Redensart ist. Denn nur solange es von diesem „echten Geist" beseelt wird, erfüllt es tatsächlich die hohe Aufgabe, zu der es ausersehen ist.
Aus solchem „echten Geist" entsprang diese Kunst; in ihm muß sie weiter gepflegt werden. Sonst entartet und verflacht sie und wird zur bloßen Dekoration, die den Menschen nicht mehr innerlich berührt.

Religiöser Ursprung

Zweige von beerentragenden Sträuchern haben eine symbolische Bedeutung. Wenn im Alter ein Mann vom Berufsleben ausscheidet, um sich einer anderen Lebensart zu widmen, so wird dieser Übergang durch beerentragende Zweige symbolisiert. Es soll ein Hinweis sein, wie sehr ein Leben anderer Art, sei es der Sammlung oder ausstrahlenden Liebe oder der Kunst geweiht, nicht müßig ist, sondern fruchtbringend sein kann.
Die Überlieferung berichtet von indischen Mönchen, welche die ersten waren, die in ihrer All-Liebe sich mühten, vom Sturm beschädigte und in der Hitze schmachtende Pflanzen fürsorglich aufzulesen, um sie in mitleidsvoller Güte zu pflegen und am Leben zu erhalten. In Räumen buddhistischer Tempelhallen wurden vor dem religiösen Bild vielfältige kleine Miniaturgärten in schweren bronzenen Gefäßen und mit Sand gefüllten Kästen hingestellt. Zweige und Pflanzen verschiedenster Art, bis zu schweren Ästen und plumpen Baumstümpfen konnten darin ganz primitiv ihren Platz finden.

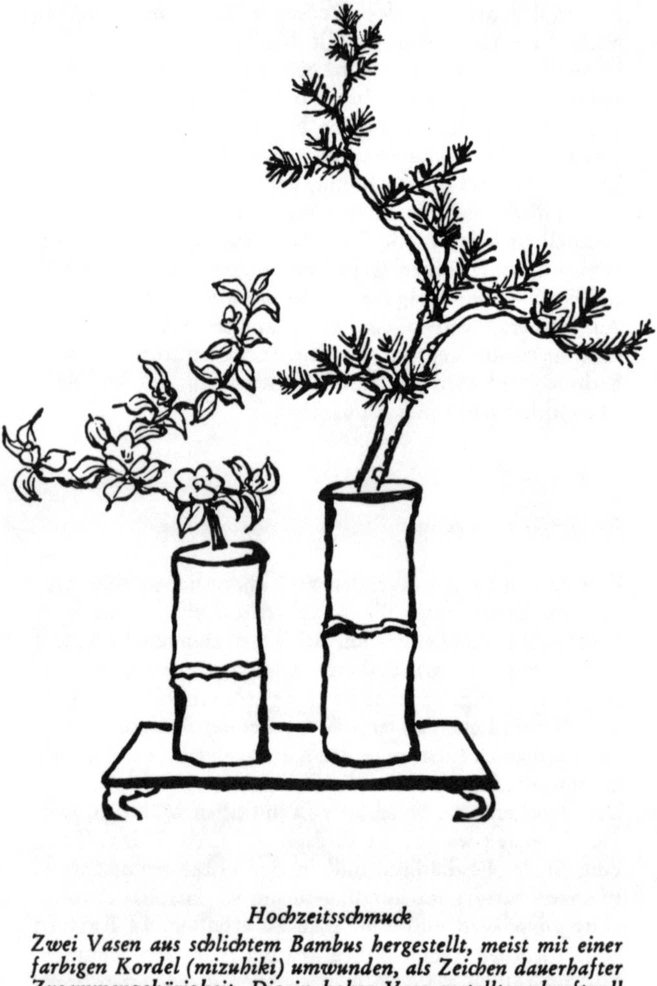

Hochzeitsschmuck

Zwei Vasen aus schlichtem Bambus hergestellt, meist mit einer farbigen Kordel (mizuhiki) umwunden, als Zeichen dauerhafter Zusammengehörigkeit. Die in hoher Vase gestellten, kraftvoll knorrigen Kiefernzweige gelten als männliches Symbol. Die weiß blühende Kamellie symbolisiert schmiegsame, sanfte Weiblichkeit. Die Blume darf den Beschauer nicht voll anblicken, noch soll sie von Blättern verdeckt sein, sondern muß etwas schräg gestellt werden

Der zentrale höchste Ast zeigte geradewegs himmelwärts. Neben diesem bedeutsamen Zentrum wurde rechts und links das niedere Nebenzentrum in vertikaler Gleichmäßigkeit angeordnet. Eine dritte Gruppe, die „Hilfe", hatte die unterstützende Aufgabe, das Ganze zusammenzuhalten. Auf alten Bildern sieht man beiderseits vom Altar solche Gruppierungen in symmetrischer Art angebracht. Diese frühe Art des Zusammenstellens von Pflanzen, wie sie die indischen Mönche als Opfergabe und Geschenk der Verehrung in Tempeln, Tempelgärten und auch vor Grabstätten stellten, wurde in Japan unter dem Namen: Shin-no-hana, Rikkwa, Sunamono-Rikkwa und Bukkwa bekannt.

Aus den vertikalen, überladen anmutenden Gebilden entwickelten sich mit der Zeit ganz neue Zusammenstellungen in kleinerem Ausmaß und gepflegteren, einfacheren Linien. Dies geschah im fünften Jahrhundert, als der Buddhismus über Korea in Japan Einlaß fand, und chinesische Priester mit dieser Lehre manchen neuen Brauch in das Land trugen. Neben der religiösen und meditativen Bestimmung wurden buddhistische Tempel zu Stätten der Gelehrsamkeit, in welchen Philosophie, Dichtung, Kalligraphie ebenso wie Malerei und andere Künste Pflege fanden. So kam klösterliche Lebenshaltung in lebendige Verbindung mit künstlerischer Gestaltung.

Ein leitender Grundsatz hieß: Bevor du beginnst, sollst du ganz still sitzen, deine Seele zur Ruhe führen, dich von allem frei machen, nicht sprechen, andächtig sein.

Auch das Ritual des Teetrinkens wurde zuerst in Zenklösterlichen Hallen ausgeübt, ebenso wie die Zusammenkunft des Weihrauchabbrennens von dort her ihren Weg nahm.

So waren es meist klösterlich geschulte Ahnherren, welche im Zusammenhang mit der seit dem Ende des 14. und im 15. Jahrhundert aufblühenden Teezeremonie berühmte Meisterschaften errangen. Denn in Verbindung mit dem Teekult (und der Einführung der Tokonoma) pflegten sie den Blumenkult in ganz besonders geeigneter Form und wurden somit zugleich große Blumenmeister.

Kamelie (camellia jap)
Nageire mit Beigabe (nejime) von wenigen Weidenzweigen, in geflochtener Korbvase. Der Behälter ist mit solchen Brettchen, welche durch tägliche Pflege feingeglättet und glänzend erscheinen, an einen Pfeiler gehängt

Auch die Gartenanlage wurde berücksichtigt. Denn in kontrastierendem Einvernehmen sollten sich die Linien und Zusammenhänge zwischen innen und außen in ergänzendem Aufbau ausgleichend gestalten. Blieben doch tagsüber die weiten Schiebetüren nach der Gartenanlage oder Parkseite hin geöffnet, so daß es kaum eine Unterbrechung zwischen Raum und freiem Ausblick gab.
So ging auch die Gartenkultur durch die vielseitige Begabung dieser Meister neuer Entwicklung entgegen. Ihre schöpferische Begabung schuf bleibenden Kulturbestand. In Anlehnung an die ernste, streng disziplinierte Einfachheit und Innerlichkeit Zen-klösterlicher Umgebung, wurden die eigens dem Haus angefügten oder im Garten erbauten Teeräume der Paläste und Privathäuser nach klösterlichem Stil errichtet. Die eindrucksvolle, klare Linie fand sogar in der weiteren Architektur durch ihre kultivierte Schlichtheit Eingang.
In diese Verbindung von Kult und Gesinnung, die dem Gedanken des Teeraums eigen war, konnte die belebende Pflanze sich nur in aller Natürlichkeit, unscheinbar einfügen. Vielfach stand dort nichts anderes als ein ganz besonders auserwähltes Zweiglein oder eine Blüte, von zartem Blattgrün umgeben. Am liebsten gab man jener Pflanze einen ganz anspruchslos aussehenden Behälter von Naturbambus, Kürbis oder Baumrinde bei, von dem sie wie selbstverständlich an einem der von seltenem Holz eingefügten Pfosten des kleinen, sehr gepflegten Teeraums herabhing. Diese Art der Befestigung gab Hänge- und Wiesenpflanzen, sowie allem wild Gewachsenen den Vorzug.
Solche allernatürlichste, jedoch sehr gewählte Art, Pflanzen anzubringen, wurde Nageire genannt, das heißt hineinlegen, hineinwerfen; letzteres um die Selbstverständlichkeit und gelockerte Ungewolltheit anzudeuten, mit welcher die Blume über dem Vasenrand herabhing. Die Melodie des Dreiklanges aber blieb auch in der unsymmetrischen Silhouette noch in Andeutung zu erkennen.
Im Gegensatz zu dieser natürlichsten Stellweise entwikkelten sich für den besonders großen Raum, der auch zum

Empfang von Gästen diente und in dem die Tokonoma – das weltliche Gegenstück zum ursprünglichen Altarmotiv – den Ehrenplatz einzunehmen begann, ganz andere und neue Möglichkeiten.
Je nach vererbtem oder vorhandenem Familienbesitz und der Geschmacksrichtung des Eigentümers, kam hier alles in unaufdringlicher, fast sakral anmutender Art zur Aufstellung.
Im angepaßten Rhythmus zu dem am Tag stattfindenden Zusammensein, der Geselligkeit oder Feier, waren die Blumen gestellt, um diesen auf ihre Weise liebevolle Weihe zu geben. Sie konnten in überschäumender Freude sich gleichsam mit erfreuen, in heiterer Vielgestaltigkeit atmen, in reichen, glühenden Farben und Formen prangen oder von Würde anspruchsloser Schlichtheit zeugen. Die große Verschiedenheit der Liebhaber und der Anlässe verlangte vom ausführenden Meister besondere Einfühlung und großes Verständnis für Formgebung und Lehrweise. So kam es ganz natürlich, daß sich verschiedene Schulen und Strömungen mit bestimmten Regeln und Abweichungen herausbildeten. Doch der ursprünglichen Idee der drei Hauptlinien als Grundlage des Bildens und Erlebens sind sie fast immer treu geblieben. Im 16. und besonders im 17. Jahrhundert gelangte diese Art des Blumenstellens zu ihrem Höhepunkt. Priester, Gelehrte, Dichter und Künstler, Adelige, sowie Männer, die sich vom Berufsleben und dem sorgenden Getriebe des Alltags zurückzogen, waren begeisterte Anhänger dieser wunderbaren Form der Einkehr.
Das Wort „Ikebana", das „In-Wasser-Stellen" lebender Blumen bedeutet, enthält das Gelöbnis, die Blumen um ihres Lebens willen zu lieben und wohlwollend zu pflegen. So soll auch das Wasser, welches Blumen gespendet wird, mit jener Gesinnung gereicht werden, die sich der Verantwortung für das Leben der Blumen bewußt ist. Dies erklärt, warum der besonders festliche und glückverheißende Neujahrsschmuck, welcher aus drei Pflanzen, aus Kiefer, Pflaume und Bambus zusammengestellt und vor dem Hauseingang angebracht wird, nach der Neu-

Neujahrsschmuck

Bambus (take), Symbol für Überfluß, elastische Stärke, Reichtum.
Kiefer (matsu), Symbol für Ausdauer und Kraft.

Pflaume (ume), Symbol für neue Hoffnung nach dem Winter. Einem alten Stamm werden gern junge Sprößlinge beigefügt. Jede dieser Pflanzen zeigt einzeln und in der ganzen Zusammenstellung die Dreiteilung. Sowohl an der Eingangstüre, wie im Raum selbst wird dieser Schmuck, sei es in einem oder in drei Behältern, aufgestellt. Bei Verwendung von zwei Bambusstämmen bedeutet der niedere das weibliche, der höhere das männliche Symbol

jahrswoche nicht achtlos weggeworfen werden darf. An einem bestimmten Abend werden vielmehr alle diese Blumengebilde zum Tempel getragen, aufgeschichtet und verbrannt. Hoch lodern die prasselnden Flammen und beleuchten den alten Tempel und die dunklen Kryptomerien, um die sich Tausende von Zuschauern gesammelt haben.

Nach einer alten sagenhaften Überlieferung soll das symbolische Blumenstellen göttlichen Ursprungs sein. Ein übernatürliches Wesen, Fudo-dama-no mikoto mit Namen, habe zu Ehren der Sonnengöttin Amaterasu o-mi-Kami, den Sakaki, den dem Shintoismus heiligen Baum gepflanzt.

Vielleicht enthält diese Überlieferung auch den Nebengedanken, daß die Kunst des Blumenstellens ursprünglich japanisch sei. Streng genommen aber ist diese Auffassung nicht ganz zutreffend. Man darf sie nur insoweit gelten lassen, als die Japaner die primitive Anregung, die in ihr Land gebracht wurde, zu einer hohen und typisch japanischen Kunst selbständig entwickelt haben.

Obwohl sich das Blumenstellen im Laufe der Zeit zu einer weltlichen Kunst verwandelte, büßte es doch nie jenen geheimnisvollen Zug ein, den es aus seiner ursprünglichen Bedeutung, im Dienst religiöser Zeremonien gewann. Der Japaner verbeugt sich oft noch vor dem Blumengebilde, welches er fertiggestellt hat. Und ebenso verbeugt er sich vor den Werken anderer, bevor er sie betrachtet, oder ehe er sich nach eingehender Betrachtung entfernt.

Teezeremonie

Für den Raum der Teezeremonie, in welchem – um nicht abzulenken – betonte Einfachheit herrscht, sind Wald- und Wiesenblumen besonders ansprechend, da sie die unberührte Größe des natürlich Ungewollten unauffällig unterstreichen. Die Nähe solcher zwanglosen Gebilde kann durch ihre schlichte organische Wirklichkeit er-

Wandnische (Tokonoma)
Lilienblüte in Hängebehälter aus Horn, an altem, mit der Zeit glatt poliertem Pfeiler aus wertvollem Holz, in der Ecke der Tokonoma. Im Vordergrund der Wandnische ein Weihrauchbehälter

greifen, besonders in dem äußerst bescheidenen und doch so kostbaren Raum, welcher eigens für die Teezeremonie erbaut ist.

Es kann eine einzelne Blume sein, die durch ihr lebendiges Dasein zur Weihe des Teeraumes beiträgt; doch wird diese nicht durch starken Duft oder laute, lebhafte Farben die Aufmerksamkeit auf sich lenken. Im Gegenteil! Vielleicht sind es nur die bescheidenen Umrisse einer kleinen Winde mit ihren zarten Blüten. Auch sie symbolisiert die Wesenshaltung, welche hier vorausgesetzt wird. Aus einem Bambushalter, der an einem seltenen Holzbrettchen an dem altehrwürdigen Wandpfeiler angebracht wurde, blickt sie verträumt und sinnend zum Eingang hin. Dort erscheinen durch die niedere Öffnung des Zuganges die wenigen zur Teezeremonie geladenen Gäste. In demutsvoll gebückter Haltung treten sie langsam ein. Erst haben sie draußen am Brunnen die Hände sorgfältig gereinigt, ehe sie auf den moosumrandeten, vereinzelt liegenden Trittsteinen zugleich mit den Schuhen auch die Außenwelt hinter sich gelassen haben. Den gedämpften Innenraum umgibt stiller Frieden und ein auserlesener Glanz von Sauberkeit. Von weit her aus Kryptomerien und Bambushainen singt ein leiser Wind. Er zieht über das in den Bogen eingelassene Holzkohlenbecken, auf dem der Teekessel steht. Die Gäste lauschen dem leisen, metallischen Summen des brodelnden Wassers, das zur Teebereitung bestimmt ist. Vielleicht wird der starke grüne Pulvertee mit einem sehr kleinen, aus Bambus angefertigten Besen schaumig geschlagen – vielleicht auf umständliche zeremonielle Art der schwarze Tee bereitet. Lange sitzen die Geladenen in bescheidener Erwartung andachtsvoll in ihrer typischen Haltung und lassen langsam die kultische Zeremonienhandlung der in jedem Handgriff festgelegten Teezubereitung ablaufen. Diese Kunst ruhig und gelassen auszuführen, bedarf gleichsam priesterlicher Haltung, welche still auf die Anwesenden übergeht. Alle dabei verwendeten Geräte zeichnen sich durch einfachste, geschmackvolle Erlesenheit aus. Oft sind es seit langem dafür geweihte Gegenstände. Vom Wandpfeiler blickt teilnehmend die Winde. Mit Wassertröpfchen wurde sie vor der Zeremonie benetzt. Wenn die Gäste reihum die Teetasse gereicht bekommen, und bedächtig langsam den Trank einziehen, dann wird auch sie nicht dürsten müssen.

Zeremonie des Weihrauchabbrennens

Eine eindrucksvolle Handlung ist das Abbrennen der Weihrauchstäbchen. Das eigens dafür ausgewählte und in der Tokonoma aufgehängte Schriftbild ist im Wortinhalt geeignet, das ernste, geistige Element der Stunde wiederzugeben. Diese, von mönchischer Meisterhand ausgeführte Schreibkunst atmet und lebt. Kraftvoll und vielsagend vermag ein solches Rollbild den ursprünglichen Geist, aus welchem es vor langer Zeit geschaffen wurde, nachwirken lassen. Es ist ein Gleichnis zuchtvoller Einfachheit der äußeren und inneren Form und führt den Beschauer in Gedanken zum Kultgeschehen in das religiöse Heiligtum zurück.
Der Sinn des Wortes „Sesshin“ (= strenge, geistige Zucht, Sammlung der Gedanken), den Meister Takeda gern betonte, herrscht auch in diesem Raum.
Dem stillen Ernst der Umgebung fügt sich die Blumenknospe, nur leise und andachtsvoll von wenigen Blättern umgeben, ein. Sie will weder in Wettstreit treten zu dem seltenen Duft der schlanken Säule eines verbrennenden Weihrauchstäbchen, noch zu der schwungvollen Form des altehrwürdigen Weihrauchbehälters, der in der Mitte der Tokonoma steht.
Selbstlos und selbstvergessen läßt sich die Knospe von den Wolken des Weihrauchs einhüllen und die Feier an sich vorüberziehen, gleichsam als wüßte sie, ihr Duft bedeutet heute weniger wie die nahe Gegenwart ihrer wunderbar erschaffenen Form.

Der Gast und die Blumen

In diesem gastfreundlichen Land wird schon beim Bau des Hauses an den besonderen Platz gedacht, der stets bereit ist für den ehrenwerten Gast. Ebenso wird auch der Blume gedacht, zu deren Verherrlichung eine Stätte geschaffen werden soll. Für den Gast ist die schönste Stelle des Raumes vor der Tokonoma bestimmt, für die Blume die niedrige Erhöhung der Tokonoma selbst. In dem besonders großen Raum, der zugleich als Empfangsraum dient, hängen an der breitflächigen Wand meist zwei zusammengehörige Rollbilder, die sich dem Sinn nach ergänzen. Diese Kakemonos sind auf Seide oder dünnes Papier mit Tusche gemalte, aufgezogene, jedoch rahmenlose, meist mit Seidenbrokatstreifen umgebene Bilder. Das Rollbild kann auch eine meisterhaft ausgeführte Kunstschrift enthalten, welche kurze, aber tiefempfundene Gedankensplitter wiedergibt.

Wenn an der Wand zwei Kakemonos hängen, soll das Blumenstück in ihrer Mitte, im Vordergrund in der Tokonoma stehen. In besonders großen und feierlichen Räumen können auch drei Rollbilder, welche ein zusammengehörendes Motiv darstellen, die breite Wand zieren. Hier sollten ausnahmsweise zwei Blumengebilde stehen. In manchen Häusern gibt es auch zwei Räume mit je einer Tokonoma; so besteht die Möglichkeit, mehrere Räume mit Blumen in größeren Vasen zu beleben. Der Gast wird sich in geziemender Haltung diesen Blumen nähern; in ihrer Umgebung kann er zugleich irgend eine für den Besitzer wertvolle Lack-, Bronze-, Keramik- oder andere künstlerische Arbeit vorfinden. Manchmal wird ein solcher Gegenstand durch gewählte Einfachheit das Auge in seinen Bann ziehen. Nur unter guten Freunden werden solche Dinge genau betrachtet und vielleicht einer Prüfung unterzogen. Diese geliebten und geehrten, seit langer Zeit behüteten Schätze holt der Gastgeber nur ganz vereinzelt hervor, da jedes dieser Dinge einer eigenen Würdigung bedarf. Vielleicht wurde es erst zur ganz besonderen Ehrung des zu erwartenden Gastes aus einer

Paeonie (botan)
Gyo-Seikwa: unformale Wirkung, durch starke Betonung des Gyo

der vielen Truhen geholt und enthüllt. In besinnlicher Bezugnahme auf das gegenwärtige Zusammensein wird das Besondere in nicht prunkender Art gezeigt. Bei einer solchen Begegnung kann immer die Blumenanordnung verschönend und belebend die Betrachtung einleiten.

Die Hausfrau oder ein Mitglied der Familie nimmt sich genügend Zeit, um sich in innerer Harmonie mit den Blumen zu befassen und zugleich andere mit dieser besonderen Art der Gestaltung zu erfreuen, ihnen Ehre und Zuneigung zu erweisen. In Erwartung des Gastes werden die Blumen noch einmal mit Wasser angestäubt. Wie taufrisch sollen sie anzusehen sein, wenn sie ihren Gruß zum Empfang entbieten.

Im allgemeinen ist zur ruhevollen Schau und Sammlung eine einzelne, gut ausgewählte und gestaltete Blumenanordnung das Gegebene. Ihm wird im selben Raum kaum mehr als nur ein Hängebehälter mit gestellten Blumen zugesellt.

Der Blick des Gastes kann beim Empfang auch von einem auf Papier hingezauberten Wortspiel in symbolischer Beschriftung angezogen werden. Da ein solcher Kakemono besondere Aufmerksamkeit voraussetzt, wird man die Wahl und das Zugegensein einer Blume vorsichtig bedenken. Aller Nachdruck ist auf die hohe Schreibkunst gelegt, auf die rhythmische Bewegung der Wortbilder im Zusammenhang mit den ausgearteten, leeren Stellen. Die Mitbetonung des „Inhaltes des Leeren" wird den Beschauer erfüllen; ebenso die Art der Beschriftung und der Inhalt des Wortsinnes, dessen Gehalt oft doppelsinnig sein kann.

Dies rasch zu erfassen, setzt bisweilen ziemliche Einfühlung und Kenntnis voraus. Doch will ein solches Bild seinem ganzen Ausdruck nach ohne viel gedankliches Zerlegen gewürdigt und immer wieder betrachtet sein. Die ganzheitliche Verfassung, aus welcher der Künstler gestaltet hat, soll den Betrachter in ihren Bann ziehen: es ist die Übereinstimmung des inneren Gehaltes mit seiner äußeren Form: Unzählige Kurzgedichte (Haiku's) gibt es

Nageire
Verschiedene Herbstblumen, lose und seitlich geneigt, in aufgestellter Mondvase

in Japan, die mit sehr wenigen Worten eine besondere Stimmung zu charakterisieren vermögen. Durch die Beschränkung der Wortzahl und der Ausdrucksweise soll der Phantasie des Beschauers genügend Spielraum zur Anregung gelassen werden.

So gibt es z. B. über den Vollmond oder über den zunehmenden Mond kaum zählbare Kurzgedichte. Eine Ergänzung zu dem „Mond, welchen die Wolken freigeben" mag das klare Wasser in der Umrahmung einer silbernen oder aus nachtschwarzem Lack geformten Schale sein. Der Mond soll beim Vorüberziehen sich im durchsichtigen Glanz des ruhigen Elementes spiegeln.

Ebenso gibt es Dichterworte, welche die bunten Ahornblätter besingen, die der Herbst ausstreut. Dazu das Bild der in leuchtenden Farben spielenden vom „Wind fortgetragenen" Ahornblätter, die in einer weiten Schale aufgefangen sind.

Ein anderes beschriftetes Rollbild mag in einer losgelösten, mit viel Zwischenraum gehaltenen Schrift, vom Gedenken an einen Samurai oder an einen priesterlichen Menschen erzählen, von der gelassenen, erhabenen inneren Haltung, mit der er dem Tod entgegengeht. Die Begleitung hierzu wären einige lose Kirschblütenblätter – wie vom Frühlingswind auf stilles Wasser hinübergehaucht.

Vielleicht soll dem ehrenwerten Gast ein Geschenk übergeben werden. Dies geschieht in einem Kästchen aus dem wunderbar leichten Kirinholz oder in einem fein säuberlichen Karton, welcher von einem besonderen Geschenkpapier mit der üblichen rot-weißen Verschnürung gehalten wird. Selbst wenn die Gabe aus Knospen und Blüten bestehen sollte, werden diese, leicht zusammengefaßt, auch von der zeremoniellen Geschenkumhüllung umgeben. Dieser gepflegten Art des Schenkens wird selbst der einfachste Mann Genüge leisten. Auch wenn das Geschenk keinen besonderen materiellen Wert hat, wird er nicht versäumen, es in einer solchen Umhüllung zu überreichen. An dieser Stelle kann ich nicht umhin, unserer beiden guten Rikschah-Kulis zu gedenken, welche, nachdem sie ein Neujahrsgeschenk empfangen hatten, dies mit Anstand erwiderten. Ihre Gabe bestand aus selbstgeschnitzten Bambus-Eßstäbchen. Feierlich, und in vornehmer Art wurden sie, in ebensolcher Umhüllung, als freundliche Erwiderung von Mensch zu Mensch überreicht.

DER GEHALT DER LEHRE

BEIM BETRACHTEN DER „WAHREN LEHRE“ tritt die dem Osten charakteristische Auffassung der Freiheit deutlich hervor. Im Osten versteht man unter wahrer innerer Freiheit ein Sich-Fügen in Formen, die die Bedeutung kosmischer Gesetze haben. Der Sich-Fügende wird unmittelbar dadurch selbst mit eingefügt in einen letzten Weltzusammenhang. Das dreiteilige Schema, das dem Blumenstellen zugrunde liegt, stellt neben anderem das Weltprinzip dar. Indem der Blumenkünstler sich diesem ganz selbstverständlich einfügt, gewinnt er erst den Boden, auf dem sich seine schöpferische Kraft voll entfalten kann. Ihr ist die lebendige Darstellung der schematisch vorgezeichneten Bezüge anheimgestellt. Weder geistlose Nachahmung dieses Schemas, noch mißverstandene Originalität, die es achtlos beiseite schieben möchte, wären richtig. Beides würde als ein Vergehen gegen die „wahre Lehre“ oder gegen den Geist des Blumenstellens angesehen werden.

Vom Schüler des Blumenstellens wird daher – wie schon öfter betont – innere Disziplin, Fügsamkeit und Fähigkeit zur Selbstverleugnung verlangt. Auf diese zuchtvollen und immer selbstverständlicher werdenden Eigenschaften legt der Lehrer stets und von vornherein großen Wert. Sie erscheinen ihm von Anfang an wichtiger als eine leichte, kunstfertige Hand oder guter Geschmack.

Obwohl dem östlichen Menschen die Selbstentäußerung und das Aufgehenkönnen im geistigen Prinzip der Welt und des Lebens als das Höchste gilt und darin der tiefste Sinn des religiösen Lebens liegt, so bedeutet dies nicht, daß ein aus solchem Verhalten heraus geschaffenes Werk völlig unpersönlich sein müßte. Auch der östliche Künstler kann gar nicht verhindern, daß sein Werk Spuren individuellen Wesens zeigt – gerade das gehört zum Werk –, doch seine Individualität darf den Geist des Werkes nicht stören, sondern muß von ihm völlig aufgesogen werden. Das bedeutet, daß der Künstler nicht absichtlich den Versuch machen darf, dem Werk eine persönliche Note zu geben. Nur sofern diese absichtslos in das Werk einströmt und mit seinem Wesensgesetz spontan zu restloser Einheit verschmilzt, ist sie berechtigt und hat sogar einen tiefen Sinn.

Was hier im Gebiet des Blumenstellens, wenn auch in bescheidenem Ausmaße sichtbar wird, ist für die ganze östliche Kunst und vor allem für die Zen-buddhistische Weltanschauung kennzeichnend. Alles kommt zuletzt auf das Außer- und Übergegensätzliche, auf den Geist an und auf die Fähigkeit des Menschen, nicht nur durch inbrünstiges Versenken in ihm unterzugehen, sondern ebenso unmittelbar wie gelassen aus ihm heraus zu leben.

Für den westlichen Menschen ergeben sich, von welcher Seite er auch immer den Zugang zum Verständnis des östlichen Geisteslebens suchen mag, ganz besondere Schwierigkeiten. Er läuft fast immer Gefahr, verstandesmäßig in das eindringen zu wollen, was jenseits alles Verstandes liegt, was den östlichen Menschen unmittelbar gegeben ist, was er in frageloser Realität erlebt. Die Schwierigkeit, zu einem eindringenden Verständnis zu kommen, wird noch dadurch verschärft, daß der östliche Mensch selten den Wunsch fühlt, sein Erleben verstandesgemäß zu erklären. Infolgedessen klafft oft ein tiefer Abstand zwischen dem, was er mit Worten sagt, und dem, was er mit ihnen eigentlich meint. Er muß sich vielfach mit bloßen Andeutungen und Bildern begnügen, wenn er nicht gar zu Paradoxien seine Zuflucht nimmt. Sich hier zurechtzufinden, das Verständnis dessen, was der Lehrer sagt, nicht schon für das Verständnis der Sache selbst zu halten, erfordert von dem westlichen Menschen sehr viel einfühlende Geduld und immer erneute Versuche, das, worauf es ankommt, irgendwie zu ahnen und zu erleben. Wenn daher beim Blumenstellen sich manches auch sagen, und sich zeigen läßt, so

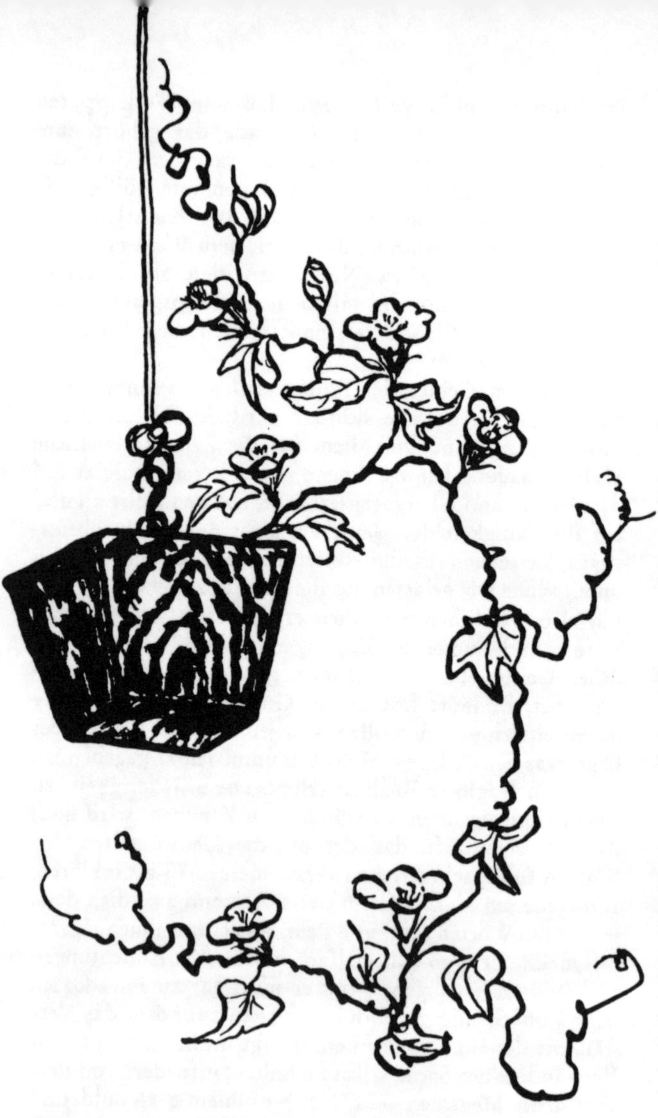

Cûcûrbîta spec. (hechima), Gurkengewächs
Nageire. Flutende Ranke umgibt ein hölzernes Hängegefäß, welches einen alten Wassereimer vom Ziehbrunnen darstellt

steht doch hinter allem anschaulich Darstellbaren für jeden einzelnen erlebbar, das Geheimnis und der Urgrund des tiefsten Seins.

Erst wenn der Künstler völlig darauf verzichtet, sich selbst in den Vordergrund zu stellen, kann er – im Zusammenhang mit dem greifbaren Bestand der Blumen, in welchen sich der Kosmos manifestiert – durch solche absichtslose Hingabe das Wesensgesetz der Welt innerlich erfahren.

Daß es sich auch beim Blumenstellen um diesen geistigen, innerlichen Gehalt handelt, ist aus dem bisher Gesagten zur Genüge hervorgegangen. Man muß sich daher klar sein, daß die rechte Einstellung nichts mit Stimmung zu tun hat. Was dem Blumenstellen zugrunde liegt und schlicht erlebt werden muß, ist an sich genommen zwar gestaltlos, gewinnt jedoch, sobald man es symbolisch darzustellen versucht, Gestalt. Und eben diese geistige Gestalt ist es, welche die Idee des Blumenstellens bildet. So durchleuchtet das Unermeßliche auch die unscheinbarsten Formen der Sinnenwelt in sichtbarer Verschmelzung.

Indem der Künstler sich streng an das kosmisch orientierte Schema hält, lernt er nach östlicher Einstellung, in der absichtslosen und reinen Hingabe an die Wesensgesetze der Welt, diese selbst durch und durch zu verstehen. Zugleich dringt er damit in die Tiefe seines eigenen Wesens vor, das auf jenen selben Gesetzen beruht.

Hier liegt zweifellos der Schlüssel zum Verständnis der östlichen Kunst und des östlichen Geisteslebens überhaupt; in diesem „Von-sich-absehen-können" des östlichen Menschen, in dieser vollendeten Absichtslosigkeit gerade der höchsten geistigen Äußerungen. So zieht der Maler seine Linien, nicht „als ob er", sondern „als ob sie selbst" vom „Urgrund her" malten. So werden auch beim Blumenstellen die Blumen nicht durch geschäftiges Hin- und Her-Schauen, durch Vergleichen und Ausprobieren aufeinander abgestimmt – dies macht lediglich der Anfänger –, sondern der Blick ist nach innen gerichtet. Nicht die leiseste Absicht, „schön" stellen zu wollen, darf dieses Insichversenktsein trüben, nicht einmal die Absicht, ganz

Chrysanthemum spec.
Seikwa. 7 Blüten, 2 Knospen in einer Korbvase

absichtslos sein zu wollen. Gelingt es, diese geistige Verfassung in sich herzustellen und völlig rein zu erhalten, dann erst folgt die Hand unbewußt spontanen Antrieben. Nur scheinbar ist dieses Verhalten passiv. Nach östlicher Auffassung ist es in Wahrheit der Quell jener geistigen Kraft.

Stufen der Erkenntnis

Es ist selbstverständlich, daß es auf dem Blumenweg eine Stufenleiter gibt, deren einzelne Stufen der Meister zu erkennen oder zu deuten versteht. Er zeigt dem Schüler, auf welcher Stufe des Eingedrungenseins er steht.
Oft ist der Meister in der Lage, aus der besonderen Art, wie der Anfänger seine Blumen stellt, und wie er arbeitet, seinen Charakter oder wenigstens einen Wesenszug mit verblüffender Sicherheit zu erspüren.
Bei den Anfangsstufen wird nur selten jene selbstverständliche, ungewollte Individualität zutage treten. Durch lange Übung und stete Wandlung schleift sich die Gewöhnung mehr und mehr ab, bis aus dem Werk die „reine" Gestalt spricht.
Auf höheren Stufen wird sich die „Eigenart" freier hervorwagen, bis sie endlich mehr und mehr geläutert, mit der „reinen Wahrheit" zur völligen Einheit im Ausdruck der Kunst und des Wesens verschmilzt.
So findet die „Wahrheit" in der Wesensart des Blumenkünstlers den Schauplatz, auf dem sie „sichtbare Gestalt" empfängt. Die lautere Wahrheit des „Himmels selbst" zu verkörpern, ist die höchste Aufgabe, deren Lösung dem besten Maler oder Dichter gelingt. Und wenn es gut geht, kann sie der Schüler wie ein unverlierbares Geschenk mit ungewollter Selbstverständlichkeit aus sich herausstellen – dank dem vermittelnden Meister.
So steht – um es noch einmal zu sagen – hinter dem anschaulich Darstellbaren das Unsagbare und Undarstellbare, es sei denn, daß es sich unverhofft enthüllt.

DIE TECHNIK

Die Kunst des Blumenstellens wird im Japanischen „Ikebana" genannt. Hana oder bana bedeutet Blume.
Ikebana kann dem Sinn nach übersetzt werden mit:
„Lebendige Pflanzen in wassergefüllten Behältern am Leben zu erhalten."
Mit dem Wort Blume (bana) ist in diesem Zusammenhang alles Pflanzliche inbegriffen, wie Stämmchen, Zweige, Blätter aller Art und Größen, Schilf, Gräser etc.
Ikebana umfaßt sowohl die frühen, alten Arten, wie die späteren veränderten Methoden.
Schon unter der primitiven Steckweise des „Rikkwa" versteht man das Aufstellen „lebender Blumen in mit Wasser gefüllten Gefäßen".
Bei Sunamono-Rikkwa wurden die Pflanzen in Sandkästen aufgebaut. Solche Gebilde, welche stark nach der Höhe und Breite ausladen, kamen in Tempelhallen und Tempelgärten zur Aufstellung.
Auf alten Bildern sind Zeichnungen von sich überstürmenden Bergen und Vorgebirgen zu sehen, die nach der Höhe hin weisen, und nach unten, in der Breite hin auslaufend, ein Dreieck bilden. In dieser gebirgigen Landschaft sieht man zwischendurch Täler, die sich als leere Stellen abheben. Solche Vorlagen sollten als Schaulinien und Anhaltspunkte bei der Ausführung der praktischen Arbeit dienen. Mit der Zeit wurden die Überhäufungen, die auf den alten Vorlagen zu sehen sind, vereinfacht und geklärt. Immer schlichter wurde die Formung des Dreieckes herausgehoben und in der Vorlage eines Schemas festgehalten.

Die späteren Arten des Blumenstellen unterscheiden sich in:

I. Seikwa (Dem Sinn nach könnte der Gedanke von „abgeschnitten Pflanzen“ beigefügt werden.)
Seikwa (Aussprache Seika) hat dieselbe Bedeutung wie Ikebana. Das Wort Seikwa ist das aus der chinesischen Schriftsprache hergeleitete Wort für Ikebana.

II. Nageire wird die lose Steckweise benannt.

III. Moribana gibt ein Landschaftsbild wieder.
Das Schema des symbolischen Prinzips der Drei ist bei allen drei Stellarten in gleicher Weise grundlegend.

Seikwa

Seikwa zerfällt in drei Arten, denn das Dreieck kann elastisch verschoben werden.
Man unterscheidet:
die formale, halbformale und unformale Methode.
(Solche Dreiteilung wird ebenso in der japanischen, wie in der chinesischen Schreib- und Malweise, wie in der Kunstgartenanlage formgebend angewandt.)
Das formale Seikwa wird auch das klassische Seikwa genannt, da es streng, ernst, sogar feierlich anmutet. Seine Linienführung ist sehr aufrecht nach oben, himmelwärts gewandt. Diese zeremoniell, fast steif wirkende Stellweise schmückte – meist mit der Vorderseite zum Altar hinblickend – Tempel- und Ahnenaltäre. Obwohl diese Form als veraltet gilt, ist sie bei religiösen Anlässen noch zu sehen.

Shin (Himmel) = der höchste Ast
Gyo (Erde) = ein halbhoher Ast
So (Mensch) = ein niederer Ast

Die halbformale mittlere Form des Seikwa erfreut sich in den Räumen der Wohnhäuser besonderer Gunst. In jedem Haus finden Blumen für ihr Dasein in der Tokonoma eine würdige Umrahmung. Dort ist der gemäßigten all-

Prunus (ume)
Formales, zeremonielles Seikwa zeigt fünf Zweige mit Pflaumenblüten in strenger, sehr gerader, feierlicher Haltung

täglichen Form des Seikwa die beste Möglichkeit gegeben, sich behaglich zu dehnen und seitlich auszuweiten.
Von der unformalen Gestaltung des Seikwa sagt man, sie gleiche in ihrer prächtigen Gewandung einer eleganten Dame im wunderbaren Schlafrock. Diese phantasievoll gelöste Form hat verschiedene Linien zu ihrer Verfügung. So kommt es, daß sie sowohl in der Tokonoma, wie auch auf zierlichen Lackgestellen stehend oder in Hängebehältern ein Heim zu verschönern vermag. Ihre sich neigende Art ist anmutig und gelassen zugleich.

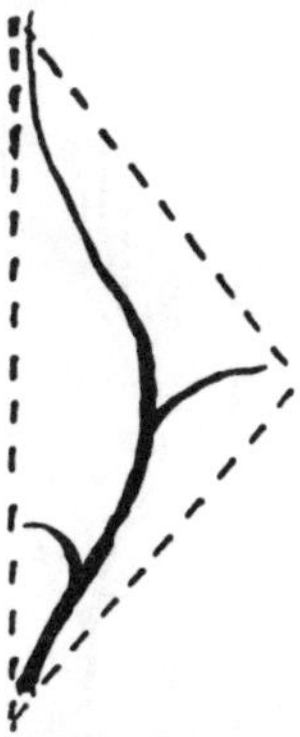

Shin-Seikwa

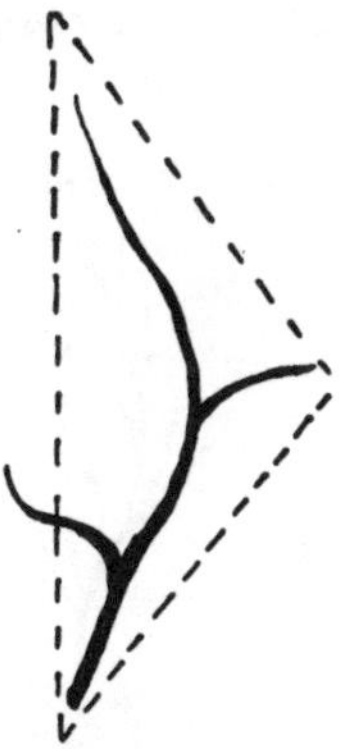

Gyo-Seikwa

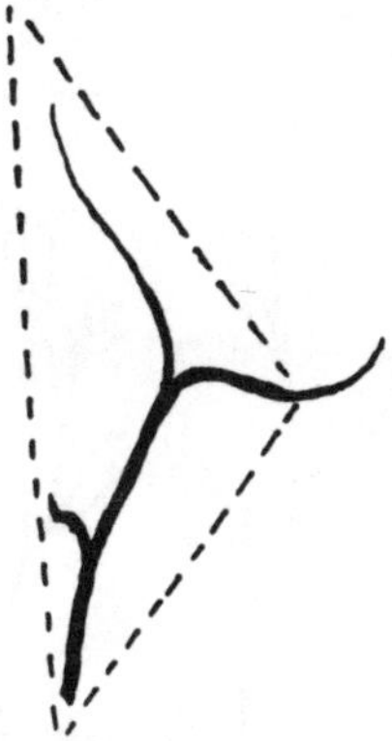

So-Seikwa

Bei dem „Shin-Seikwa", ebenso wie bei dem formalen Seikwa wird die Betonung auf das besonders starke Hervortreten des Shin gelegt. Wie der ausgezogene Bogen eines japanischen Bogenschützen, kommt er in hoher weiter Kurve fast vertikal zu stehen. Je nach der Eigenart der zu verwendenden Pflanzen, werden die Äste schlank oder voll und die Astspitzen sich kraftvoll oder zart nach oben abzeichnen.
Dem „So Seikwa" ist ein mehr unformal anzusehender Stil zu eigen, fließend und phantasievoll, wie der einer japanischen Schriftart. Das Eindrucksvolle ist auch hier

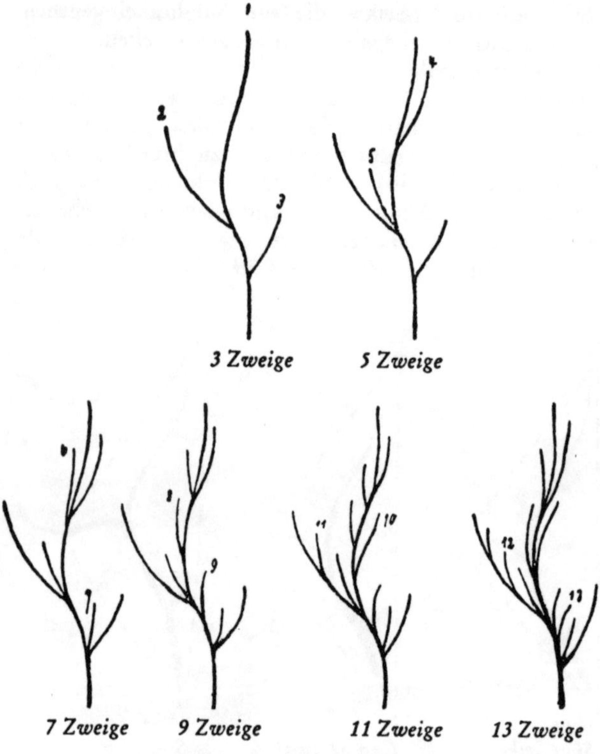

Namen der beigefügten Zweige

1. *Himmel (shin), höchster Ast*
2. *Mensch (so), mittlerer Ast*
3. *Erde (gyo), niederer Ast*
4. *Rückwärtige Beigabe zum Himmel, (shin-ura-no-soe)*
5. *Mittelstammstütze (do oder daki), ausfüllendes Mittelstück*
6. *Beigabe zum Himmel (shin-no-soe)*
7. *Beigabe oder Stütze zur Erde, (gyo-no-soe)*
8. *Beigabe zum Himmel (shin-no-soe)*
9. *Sproß, (susho)*
10. *Rückwärtige Beigabe zum Himmel (shin-ura-no-soe)*
11. *Weitere Beigabe zum Menschen (so-no-soe)*
12. *Weitere Beigabe zum Menschen (so-no-soe)*
13. *Weitere Beigabe zur Erde, auch hinterer Zweig genannt (gyo-no-soe oder oku-eda)*

die Formgebung. Der „So“ soll sich wie durch besondere Naturbedingung gewachsen ausweiten und von den anderen Zweigen stark abheben.

Das „Gyo-Seikwa“ weist eine gewisse gemäßigte und eher gedrungen anmutende Struktur auf. Es wirkt zumeist bodenständig, einfach, stämmig gehalten. Bei allen diesen Stellarten ist, zur Bildung einer klaren Stammlinie, ein fester Zusammenschluß der unteren Zweige nötig.

Nachdem der Schüler die Zweiggabel aus weichem Astholz zurechtgeschnitten und in der Vase befestigt hat, wird er das vorgelegte Material genau betrachten und erst in Gedanken versuchen, es mit dem Schema in Übereinstimmung zu bringen. Dann wird er die Zweige je nach ihrer Bestimmung zu verwenden versuchen. Dabei wird er die Gesetze der pflanzlichen Eigenart beachten. Um die drei Hauptlinien klar hervorheben zu können, wird er mit ihnen beginnen. Oft wird beim Einfügen dem „So“ der Vorzug gegeben, da er die ausdrückliche Mitte zwischen Himmel und Erde abzeichnet und die beiden anderen Hauptlinien sich gut an ihn anzuschmiegen vermögen. Weiterhin untersteht die Reihenfolge der zu verwendenden Zweige keiner starren Regel, da die Mannigfalt und Verschiedenheit jedes Mal eine andere Art der Behandlung verlangt. Nachdem die Grundstellung „mit So in der Mitte“ gefunden ist, kann das Hinzufügen der Nebenlinien erfolgen. Die Anordnung dieser zum Haltgeben, Schmücken und Ausfüllen bestimmten Zweige ist auf Seite 102 dargestellt.

Im Frühjahr und Sommer wird das Bild ein reicheres, freudigeres sein, im Winter ein etwas spärlicheres, aber darum nicht minder reizvoll und begehrenswert. Bei der Ausarbeitung wird der Schüler darauf achten, keinen Zweig mit einem anderen zu verdecken oder zu überschneiden. Jeder Ast soll die Möglichkeit haben, mit seinen Spitzen sich frei nach oben auszubreiten, und jede Blume wird trotz der Anzahl ihrer Blätter zu sehen sein. Gleichmäßige Gegenüberstellung würde allerdings als geistlose Wiederholung angesehen. Unsymmetrie und das

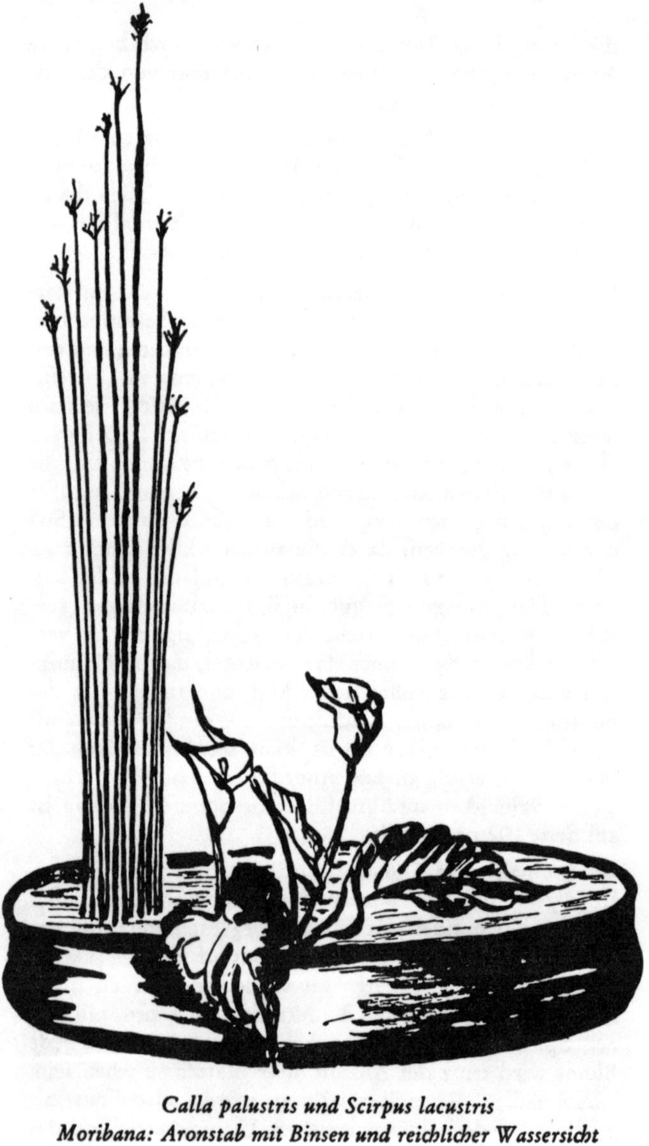

Calla palustris und Scirpus lacustris
Moribana: Aronstab mit Binsen und reichlicher Wassersicht

Freilassen gewisser Stellen ist zu beachten, da der „Leere“ eine essentielle Bedeutung zukommt.
Immerhin wird der fortgeschrittene Schüler, je nach der Art seiner Entfaltung, mit der Zeit immer mehr einer gewissen Eigenart Raum lassen können. Das Schema ist nicht da, um zu unterdrücken, sondern um daran zu wachsen, um im Gestalten und Handeln innerlich frei und unabhängig zu werden.

Nageire

Die drei Grundlinien lassen sich auch bei Nageire in verschiedene Ausdrucksformen verlagern und verschieben, je nachdem es die Pflanzen verlangen. Im Rahmen eines aufrechtstehenden, eines sich neigenden oder eines hängenden Stils können diese Richtungen leichthin angedeutet werden.
Bei der hängenden Form heißt der gebeugte Ast auch der „fließende“, da er sich in seine Umgebung schmiegsam ausströmt. Ohne Benützung einer Stütze fallen die Zweige oder Blumen über den Vasenrand. Hier wird fast nur eine Wurzellinie ausgeführt, weniger die nach der Höhe zusammengefaßte Stammlinie. Wie vom Wind leicht hingeweht, so natürlich kann das fertige Gebilde aussehen.

über der Vase stehend,
seitlich sich neigend,
herab hängend
mit „fließendem Zweig“

Oft ermöglicht ein einziger Zweig in ganz ungewollter Art die gewünschte Formgebung. Die Auswahl des Materials bedarf freilich eines kundigen Blickes. Das Einfache gut zu gestalten, ist bei weitem das schwerste und oft ein Meisterstück.
Die Auswahl der Behälter ist mannigfach. Je nach der Pflanzenart nimmt man für schwere Zweige eine gut feststehende Bronzevase, für duftige, leichte Gebilde,

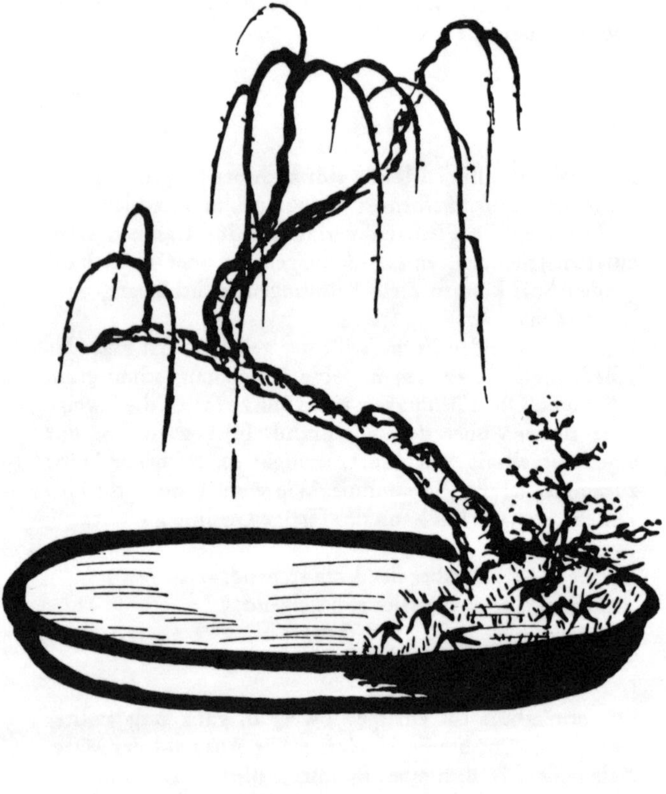

Salix (yana gi)
Moribana, Landschaftsbild: Weide im Frühling am Seeufer
Schwarzglänzender, innen versilberter Lackbehälter

Keramik. Für Schlingpflanzen mit Ranken und für Gewächse, die in neigender Richtung wachsen, sind hängende oder seitlich angebrachte Behälter am schönsten. Auch originell geflochtene Korbarten, deren Henkel zugleich unvermerkt einen Halt geben können, sind geeignet.
So kann gerade das einfache Nageire in schlichten Behältern in dem für die Teezeremonie bestimmten Raum am meisten beeindrucken. In sich ruhend wird es niemals ablenken, sondern zur Sammlung und Selbstbesinnung anregen, Ruhe und Eintracht ausstrahlen.

Shiziho zum Einstellen der Pflanzen für Moribana

Moribana

Moribana wird in flachen, sehr weiten Schalen aus Porzellan (Steingut), Bronze oder Lack angelegt. Moribana kann es sich erlauben, einen vielsagenden Naturausschnitt nur andeutungsweise zur Auswirkung zu bringen. Zum Haltgeben der Pflanzen können Kubari's verschiedener Art aus schwerem Metall, je nach Bedarf zusammengestellt werden.
Es überläßt der Phantasie des Beschauers, sich durch ein paar spärliche Binsen oder etwas Schilf, durch wenige Wasserlilien oder am Wasser stehende Festlandblumen in eine gewisse Landschaftsszenerie und Stimmung zu versetzen.
Im Sommer wird sehr viel Wasser den Landschaftsausschnitt beleben. Im Winter steht das Land im Vorder-

grund. Durch das Zusammenspiel von Pflanzen und Wasser kann ein Eindruck von bewachsenem Binnenland an einem See, Fluß oder Meer entstehen. Das Festland spiegelt ein bewaldetes, gebirgiges oder ebenes Aussehen wider; es kann wie eine Halbinsel, eine Insel oder ein Flußufer wirken. Durch Andeuten von Bäumchen, Sträuchern oder nieder Gewachsenem kann die Dreieckswirkung herausgebildet werden, mit Vordergrund, weitender Mitte und Hintergrund. Gerade durch die gegensätzliche und verschiedenartige Anlage kommt letzten Endes die harmonisch ausgleichende Wirkung zustande. Auf einfache Art kann ein hoher Ast oder ein niedriger Stamm einen „Baum" im Hintergrund anzeigen. Für die Mittelstellung kommt etwas buschig Gewachsenes in Betracht, das Gehölz oder Gestrüpp darstellen kann. Für den Vordergrund sind kurze Halme, flache Pflanzen, Moose geeignet Im Herbst kommt ein „entlaubter" Baum oder Stamm zur Geltung, davor Beeren und Gräser, die den Uferrand darstellen.

Sehr geschätzt sind kleine Stämme, welche mit grün bemooster Patina des Alters geschmückt sind, und sich im Frühling frischer nebenstehender Schößlinge erfreuen. (Letztere müssen freilich so gesteckt sein, daß sie wie am Stamm gewachsen erscheinen.) Gebirge und Felsen können in Form von Gestein angezeigt werden. Wenn ein Übergang vom Land zum Wasser angedeutet werden soll, kann dies durch niedere Pflanzen, Moose und kleine Binsen geschehen oder durch wenige eingestreute Steinchen. Ein im Wasser liegender Stein kann meerumspülten Felsengrund anzeigen.

Bei Anwendung von „drei" Steinen kann der rechts stehende, vertikale Stein das männliche „Yo"-Prinzip verkörpern, während in ausgleichendem Kontrast dazu das weibliche, das „Yin"-Symbol als die kleinere Form wiedergegeben wird. Diese Einteilung ist dem Chinesischen entnommen und hat Eingang in verschiedenen Kunstdefinierungen und Anwendungen gefunden.

Von altersher bedeutet „Yo" die Sonnenseite, die Vorderseite, die dem Beschauer zugewandt ist. Aufrecht, hell,

Moribana
Alter Kiefernstamm an rauhem Flußufer. Im Vordergrund drei Steine

stark, aktiv, machtvoll, symbolisiert sie die zeugende und erblühte Natur. Ihre Farben sind rot, purpur, rosa.
Das weibliche Element dagegen ist die empfangende Natur. Sie wird als im Schatten liegend, als dunkel angesehen. Ihre Formgebung wird knospend angedeutet, ist kurvenreich und weniger ausgestaltet. Ihre Seite ist die linke, ihre Farben sind vor allem weiß, gelb, blau.
Diese Einteilung soll keinen Kontrast, sondern eine ausgleichende Ergänzung aufzeigen.
Bei Anwendung von drei Steinen würde also der hohe mächtig wirkende Stein die Elevation, den „Himmel“ darstellen, der horizontale, niedere den „Menschen“, während ein in ausgleichenden Formen beigefügter flacher Stein die „Erde“ symbolisieren kann.
„Himmel“ bedeutet das helle Element, während der niederere Stein die Erde, das dunkle darstellt. Der „Mensch“ ist zwischen beiden Mächten, dem Hellen und dem Dunklen gelagert. Diese Stellung wird ihm auch im Schema des Blumenstellens zugeteilt.
Da es bei Moribana ungezählte Ausdrucksmöglichkeiten gibt, muß sehr darauf geachtet werden, daß der Eindruck von Einheitlichkeit gewahrt bleibt. Die Sprache des Unaussprechbaren, Unanastbaren und des Freilassens soll besonders betont werden.
Stehen z. B. in einem großen, flachen Behälter zweierlei Arten von Wasserpflanzen nebeneinander, durch einen Zwischenraum getrennt, so kann der Wasserweg, der zwischen ihnen hindurchläuft, als „Fischweg“ gedeutet werden. (Wasser- und Landpflanzen sollen im allgemeinen nicht zusammen verwendet werden.)
Moribana kennt viele Wege, den Blumen-Kompositionen Lebendigkeit zu verleihen und die Nähe der Natur auch im geschlossenen Raum zu spüren.
Sogar im heutigen hochindustrialisierten Japan wird, zu besinnlichem Ausgleich, die bodenständige Kunst des Blumenstellens stets weiter kultiviert.

Moribana arundinaria phragmilis
Schilf (ashi)
Am Ufer stehende Boote

NACHWORT

UM DEM AUSDRÜCKLICHEN WUNSCH nachzukommen, den Blumenweg weitgehendst zu umschreiben und von vielen Seiten möglichst umfassend zu beleuchten, wurden gedankliche Wendungen aus verschiedenen Richtungen her bewußt wiederholt.
Beim Begehen dieses ebenso einfachen wie schwierigen Blumenweges mag zugleich ein Zugang gefunden werden zu einem lebendigen Verständnis der östlichen Paradoxien.
Vorliegende Bilder wurden zum Teil nach eigenen Photographien und Skizzen selbst gezeichnet, zum Teil japanischen Heftchen der Tokugawa-Zeit und Zeichnungen von Meister Bokuyo Takeda entnommen.
Das Titelbild und die japanischen Schriftzeichen wurden von dem 91 Jahre alten Dr. Jun Komachiya geschrieben.

INHALTSVERZEICHNIS